中医那些人，那些事

——近现代篇

蛋蛋姐 编著

中国中医药出版社

· 北 京 ·

图书在版编目（CIP）数据

中医那些人，那些事 . 近现代篇 / 蛋蛋姐编著 . —北京：中国中医药出版社，2020.9

ISBN 978-7-5132-5992-7

Ⅰ . ①中… Ⅱ . ①蛋… Ⅲ . ①中医学 – 医学家 – 生平事迹 – 中国 – 近现代 Ⅳ . ① K826.2

中国版本图书馆 CIP 数据核字 (2019) 第 289962 号

中国中医药出版社出版

北京经济技术开发区科创十三街 31 号院二区 8 号楼

邮政编码 100176

传真 010-64405750

三河市同力彩印有限公司印刷

各地新华书店经销

开本 710×1000 1/16 印张 10.25 字数 130 千字

2020 年 9 月第 1 版 2020 年 9 月第 1 次印刷

书号 ISBN 978-7-5132-5992-7

定价 49.00 元

网址 www.cptcm.com

社 长 热 线 010-64405720

购 书 热 线 010-89535836

侵 权 打 假 010-64405753

微信服务号 zgzyycbs

微商城网址 https://kdt.im/LIdUGr

官 方 微 博 http://e.weibo.com/cptcm

天猫旗舰店网址 https://zgzyycbs.tmall.com

如有印装质量问题请与本社出版部联系（010-64405510）

前言

对于我们这些从事中医工作的人而言，翻阅各类中医名家专著、医案，可以说是家常便饭，学习他们的学术理论之余，有时我也禁不住遐想，为何这些医家能穿越上百年甚至千年时光，在历史上留下光辉的名字呢？他们有什么伟大之处值得历史去铭记？

带着这样的疑问，我开始留意医家的生平，不看不知道，一看吓一跳：原来历史上留名的这些大医，他们的生命过程居然如此曲折，他们的奋斗历程居然如此光辉灿烂。

例如明朝的李时珍先生，他的《本草纲目》可以说是家喻户晓、妇孺皆知，然而你知道他写这本书的过程有多么艰难吗？

李时珍出生在一个乡村医生的家庭中，他一路奋斗，一直做到了皇家御医。对于我们而言，御医那可是最具荣耀的光环了啊，古代的太医院，那可比中国当今任何一家医院的名头都大，然而就是这么好的单位，李时珍居然"不安分"地辞职了。

辞职创业？NO，李时珍做了一件没有任何经济收入的工作：编私人本草典籍。

这一弄就是27年，等到他跋涉了千山万水，翻遍从古至今所有医学典籍，撰写完他心心念念的《本草纲目》后，胡子已经全白了。

他兴冲冲地把书稿交给朝廷，并且给皇帝写信请求出版，然而，朝廷根本不管他的闲事。

没有经济能力自费出书，而且关键已经风烛残年，李时珍望着自己半辈子心血就要被蠹虫蚕食，真是心如刀绞。

但他还是做了最后的尝试，否则，死不瞑目。

他打点行李，到了江苏太仓，找到了当时已退休的礼部（中央级别）尚书、文坛领袖王世贞家中，请求他帮忙。王世贞看到这半车书稿，很痛快地给他写了序。

然而这篇序言依旧没什么用——图书出版商看到这卷帙浩繁的稿子，吓得不敢接手。

就这样，李时珍在绝望中去世了。是不是很凄凉？很绝望？

不过还好，在李时珍死后，终于有一位叫胡承龙的书商，冒着赔钱也要做的决心把李老先生的遗稿出版了，结果大火，一直翻刻，到现在已经不知几百版了。

看到这些，大家的心里是不是五味杂陈？

还有孙思邈，这是中国古代接触麻风病病人最多的医家，如果你查一下什么叫麻风病，不用我多说什么，你一定会崇拜孙思邈到五体投地，你一定真正知道什么叫"医者仁心"。

还有近代的许许多多医家，他们也曾历经许多磨难，像季德胜蛇药的发明者季德胜，一开始居然是一名叫花子，然而他治疗蛇毒却奇效无比，历尽磨难，终成正果。

我将这些中医人物传记按照古代篇和近现代篇分成两册：古代篇有张仲景、葛洪、陶弘景、孙思邈、沈括、宋慈、朱丹溪、李时珍、傅青主、吕留良、吉益东洞、叶天士、陈修园、吴鞠通等医家；近现代篇有张锡纯、丁甘仁、曹颖甫、张简斋、陈存仁、承淡安、季德胜、罗有明、裘笑梅、朱良春、邓铁涛、奚九一、何任、尚天裕、王延涛、石学敏等。大体以出生年月为序。

我得承认，我是一个很感性的人，许许多多的时刻，半夜敲字时，总是莫名被一些老中医的人生故事感动到鼻子一酸，然后很多读者读完，也总是鼻子一酸，大概，我与读者都被他们的人生事迹感动了。

在这本书中你也许并不能学到有用的中医技能，不能解决你身体的病痛，但是，如果你在感动之余，燃起了学习中医的热情，这就是我感到最有价值的地方了。

最后我还得特别感谢一下中国中医药出版社的编辑张伏震，她不嫌弃我文笔粗疏，多次指导我编书的技巧，终于让这部原本散碎的中医人物传记集合成册。书的内容或许与完美还有遥远的距离，可是我很喜爱。

蛋蛋姐

2020年3月

目录

张锡纯：为学医拼命尝药终成近代中医第一人…………………… 1

丁甘仁：中医创业教父启示录………………………………………… 9

曹颖甫：民国经方第一高人…………………………………………… 22

张简斋：不能被忘却的当代医宗…………………………………… 33

陈存仁：史上最懂经济的中医……………………………………… 47

承淡安：近代复兴针灸第一人……………………………………… 61

季德胜：叫花子中医的逆袭之路…………………………………… 76

罗有明：未上过一天学的中医骨科泰斗………………………… 86

裘笑梅：送子观音…………………………………………………… 94

朱良春：虫药之圣…………………………………………………… 101

邓铁涛：中医界的护城之盾………………………………………… 109

奚九一：让美国血管外科权威都佩服的老中医……………… 122

何任：国医大师的爱情故事……………………………………… 129

尚天裕：甘为中医代言的西医骨科大主任…………………… 134

王延涛：九死一生，以身涉险，复原麻沸散………………… 141

石学敏：鬼手神针………………………………………………… 151

张锡纯：为学医拼命尝药终成近代中医第一人

说起张锡纯这个名字，所有的中医学子都不会陌生。

举之于电影界，虽然圈内群星璀璨，但问起大哥是哪一位，大家都会毫无疑问地推举成龙。

为什么？

他总有一股精神能打动别人：那就是跳、跳、跳。

不管大厦也好、高楼也好，只要有他想做的事，就会舍了命往下跳。

观众讲，一部一个半小时的电影，有了这几秒钟的惊险跳跃镜头，大家感官足矣。说起成龙，大家都会尊敬他。

而说到中医界的张锡纯，他也总有一种精神打动人心，那就是尝、尝、尝。

尝石膏、尝甘遂、尝巴豆、尝细辛，各种猛药、毒药，他都"身体力尝"。

一般人学医，仅仅局限在文字上，张锡纯则会跳脱出去：他不是读医，而是试验医。用自己的身体去试验药物，所以他的体会比一般人深入几十倍。

正因如此，也才有了大家张锡纯，才有了救活数万人的张锡纯。

尽管张锡纯后来名满天下，但早年的岁月，他的日子过得并不算开心。

他心头有一个难以解开的伤痛，那就是两次乡试都名落孙山。在最后一次考试时他已经33岁了。

其实查阅一下科举制度，你会发现乡试并不是最难的，乡试其实是考举人，也就是一个省的学子比拼。

考进士才是艰难无比的，是与全国才气纵横的人比拼。

但张锡纯却是考了两次乡试一次都没成功。他三十多岁时依然只是个秀才，没有任何官职，所做的也仅仅是教几个孩子读书写字。

这对于一个有志向的人来说，简直是不能忍受的。

三十多年，自命不凡；到如今，一事无成。

科举的大门紧紧地向他关闭，张锡纯孑然一身，在大门外捶地痛哭。但没有人在意一个失意的学子，这样的人太多了，你痛苦，比你痛苦百倍的人有的是呢！

张锡纯仰天长叹，提上蓝布包袱，踏上了归乡的路。

一开始他垂头丧气，但在半路上他下了决心：此生绝不做"废柴"，既然做不了良相，那一定要做一位良医。

回到家，他翻出《神农本草经》《黄帝内经》。

他闭目发誓：我如今只是一介寒儒，没有人把我看在眼里，没有被任用的机会。或许我这一辈子都没有建树，可即便这样，我还是请求上天倾听我的志向——我要学医！不做只求一己温饱的小医，而要做济世活人的苍生大医，这便是我的愿力。（人生有大愿力，伏处草茅，无所谓建树也，而其愿力固不可没也。）

这段经历，张锡纯后来写进了自己的书中。

事实无数次证明：一个没有愿力的人，是不会有大建树的。

而张锡纯发出了他的大愿力——做大医。

就这样，白天他在私塾当老师，晚上在家看《神农本草经》。

他想找一个中医高手做老师，但身处乡村僻野，却找不到这样一位老师。

他为此担忧过吗？

NO。

在他心中，轩辕、神农就是最好的老师，老师的话都写在经典里，而你需要做的只是去验证。

于是，张锡纯冒出了惊人的想法：尝药。

所有药，只有吃进嘴里，才能知道它的特性，才能体验它的功效。

这比起仅仅看书，要强千倍万倍。读的书有时候会忘掉，但自己试验过的东西，记忆深刻，至死不忘。

他尝过甘遂，结果狂泻十次。后来泻出来的全是胶痰，肉眼清晰可见。

经过这么一次，他深深记住了，甘遂是开顽痰的药物。

多少人行医一辈子，从来没见过病人泻出来的痰状物，但张锡纯从他自己身上见到了。

他尝过厚朴。有一段时间，每天下午他肚子发胀，便给自己开了厚朴，他慢慢嚼服，然后咽下去。

他体验到了厚朴进入肚子后的消胀过程，非常奇异的感受。

多少医生给病人开了无数厚朴，却从来没体验过厚朴消胀的过程。

他尝过石膏。

《神农本草经》中说"石膏味辛微寒"，但当时，医生之间都流传"石膏大寒"，将其视为虎狼之药，要么不敢用，要么用很少一丁点。

张锡纯很困惑，不知该信谁，后来他便自己尝石膏。自己尝完还不算，他还给七岁的儿子用石膏，从一两到六两。

结果发现，《神农本草经》的记载是真实的，石膏并不是大寒之药，吃下去也并不会有寒中现象。

从此张锡纯每用石膏必大量，快速退热只需一剂药，时人赠雅号曰"张石膏"。

他尝过石榴皮，酸涩得满嘴难受。

最后得出结论：只有极酸的酸石榴皮，才具有止痢疾的功效，不酸的皮则无此功效。而止痢，利用的正是酸涩之味。

自此之后，他总是向水果店购买极酸的石榴皮。尽管很难买到，但精品在手，一试则灵。

对待中药，张锡纯精益求精，自己炮制，不假手药店。

他尝过常山。

医书记载，常山治疟疾效果特棒，就是服后会造成剧烈呕吐，所以医家大多放弃使用。

张锡纯觉得可惜，恰好有一次，他患疟疾，于是他用五六钱常山煎汤，从早到晚小量频服，却丝毫没有呕吐，而且很快治好了自己的疟疾。

从此治疗疟疾，他用常山，把握好剂量和煎服方法，不仅能避免副作用，又能迅速起到治病效果。

他还服用过生硫黄，这在今天的人看来，简直很恐怖。

葛洪说它可以温脾胃，温阳作用胜过桂枝、附子，但后人谁也不敢吃下去，担心一尝就一命呜呼了。

可张锡纯不怕，鼓足胆量吞服。

多次尝试后，他开始将其用到病人身上，阳虚病人用后饭量增加，身体强壮。

从此，生硫黄又成为张锡纯的特色药。

这股胆量，着实让人无比崇敬。

这样的例子，太多太多了。

可以说，除了砒霜张锡纯没品尝，其他的药，他都亲自体验药性，简直到了疯魔的程度。

一般人学中药，仅仅做文字功夫。但张锡纯的学习，毫无疑问是立体的，一旦学过，终生不忘。自己用过再给病人用，既能保证药效，又不会有副作用。

正是因为他对中药的痴迷，也因他对《神农本草经》相当崇拜，所以他对于药性的认识真正达到了"踏石留痕"的功力，一部"药物篇"令无数学者倾倒。

我们学黄芪，可能只是认识到了它补气的功能。但张锡纯立足《神农本草经》，发现书中记载黄芪可以治脓疮，于是他开始试验。

有一次，他碰到一个肚子肿胀溃烂，最后连阴囊都溃烂的病人，别的医生用外敷之药毫无见效，他用大剂量黄芪给病人内服。

没多久，溃烂处就开始排脓、生新肉，很快就结疤病愈了。

还有一个妇女得了乳痈，乳房上溃破了七八个大孔，流脓不止。他再次用大量黄芪，仅仅十天功夫，溃破处就合口了。

张锡纯靠试验法，打开了《神农本草经》的大门。从此，一味味中药被他得心应手地用起来。

还有朱砂，这味药充满了神秘感，我们的认识或许仅仅停留在镇静安神的层面。

但张锡纯见有一个民间医生，用朱砂治霍乱效果奇好，很快体验到朱砂杀菌的功效。

在东北霍乱大流行的时候，他用朱砂为君药，开发急救回生丹，治愈了数以万计的霍乱病人，声动全国。

除了学《黄帝内经》《神农本草经》，张锡纯还花了很大功夫研究西医和《易经》。研究《易经》并不稀奇，可他做到了把中医、西医、易经相结合。

这在他那个年代是相当先进的。因为有《易经》抽象思维的基础，他再学西医，就能永远立在中医的基础上，而不像现代人被西医带偏。

他推崇西药阿司匹林，认为阿司匹林可以发汗，将其视作解表要药。对于喝了麻黄汤不见汗的病人，他经常开出一个麻黄阿司匹林汤，很快就会出汗病愈。

这还不是最厉害的，张锡纯学完西医后，结合《黄帝内经》《易经》，认识到中风病是血上注于脑太多而致，血液上行，充塞血管而累及神经，最后昏厥死亡或偏瘫。

张锡纯根据这个原理，开发出镇肝熄风汤和建瓴汤，他用沉重的代赭石从上镇压，用怀牛膝引血下行，用生地黄滋阴息风，挽救了大量中风病人。

这个方子最终被写进了教科书，成为治中风之典范。

张锡纯声名鹊起，但他身处的那个年代国运艰难。

他怀着一腔报国之心加入了义和团，但义和团最后失败。

张锡纯连夜逃难，到了一个乡村中，继续恢复中医的身份。

张锡纯在义和团做些什么？

现代没有资料说明，但我们可以推测一下，他肯定凭借高超医术，给团民治过病。

1909年，他已经学验俱丰，他的《医学衷中参西录》出版了。

此书甫一问世，就在中医学界激起千层浪，被视为独一无二之著作，甚至流传到亚洲其他地区，朝鲜人也受到了影响，称其为"至尊至宝之救命书"。

如今这本书出版已经一百多年了，依然有着强大的生命力。

因为大家一看便知，他的书是亲身试验才得到的东西，而不是空谈理论的泛泛之书，还有什么比自己吃药的体验更深刻的？

尽管如今的中医大家如满天繁星，但说真正的北斗星，依然非张锡纯莫属。

1912年，张锡纯被德州驻军统领黄华聘为军医正，就是做军医。从此乘上火车，从河北到湖北，到处都是他治病的身影。

有一次火车运兵到武汉，结果因为火车没有挡风玻璃，很多士兵患上了感冒，高热不退。

张锡纯便购买大量石膏，用大锅熬汤，仅用一味药就治好无数士兵。

在此期间，他开始接触军政重要人物，这段时间也是他为中医正名的时间。

有一次，一个英国医生患呕吐，一吃完饭就会呕吐，全身电解质紊乱，甚至到了濒临死亡的地步。请来日本和美国的医生们治疗，皆不能止吐。

就在大家绝望的时刻，请了张锡纯来。

张锡纯把脉之后，亲自购买半夏，并自己炮制，制作出半夏茯苓生姜丸。才吃了两次，呕吐便从此止住。这让英美的医生们佩服之至。

1918年，当时的东三省官银号总办刘尚清（后任国民政府内政部长），很佩服张锡纯的医术，便邀请他和沈阳税捐局局长齐福田在沈阳创办了一所中医院。

值得我们永远铭记的是，这所医院是有史以来第一所中医院，它的名字叫作"立达中医院"。

从此，各界要人光明正大地走进了中医自己的医院。中医与西医分庭抗礼，有了机构保障。

1933年，张锡纯已经73岁高龄。这一年，他在天津创办了国医函授学校。

别人问他："你都这么大年纪了，怎么还不肯歇息一会儿？"

张锡纯答曰："西人能办西医学堂，吾人亦能办中医学堂。"

从此，他白天诊病，晚上就在油灯下，编写中医函授讲义。

国医函授学校一下就招收了五百多名学生，张锡纯与他们书信问答，尽心讲解，很多人与他从未谋面，但总能收到张锡纯的来信，大家欢天喜地。

张锡纯的弟子中，后来有三十多人成为中医名家，在那个中医传承不易、青黄不接的年代，为中医流传保留了火种。其中便有山东刘惠民，曾给毛主席治好过病。

1933年，张锡纯溘然长逝。

后人赞叹他说："前有张仲景，后有张锡纯。"医界将张锡纯定位如此之高，正是因为，他对医理、药性的探究，远远超出了一般人。

在中医界，有人擅长写书，但医术算不上高明，有人擅长看病，但不会写书。只有张锡纯，一辈子兢兢业业，将自己的临床经验、体悟撰写成书，为后人留下了足资信赖的佳作。

这种功绩一百年难以磨灭，再过一百年，人们还是不会忘记他。

在蛋蛋姐心中，日本有《皇汉医学》，而我们有《医学衷中参西录》。

如果有人问，张锡纯凭什么可以这么厉害？

蛋蛋姐一定会说：他为了学医不惜以身试药，甚至品尝了大量有毒之药，用自身之经验验证岐黄之真传。仅凭这种精神，就足以汲取中医的真精髓。

如果一个医生，给人开了一辈子药，却从未体验过服药后的感觉。这不是很荒谬吗？

参考资料：
《中华中医昆仑·张锡纯卷》
《医学衷中参西录》

丁甘仁：中医创业教父启示录

由高满堂编剧，陈宝国、许晴主演的《老中医》在央视一套首播了。

那段时间为了等电视，蛋蛋姐简直激动得连续两晚失眠，毕竟我们的电视台已经好多年没播出过中医题材的电视剧了。

《大宅门》播出的时候我还小，《神医喜来乐》播出的时候我觉得有种浓浓的古装喜剧感觉。

后来看到韩国1999年拍的《许浚》，蛋蛋姐疯狂拍案——这才是中医电视剧应有的模样，他生动地诠释了什么叫作"仁医"，什么叫作能成就大才的"心医"，蛋蛋姐一下子成了许浚大大的小迷妹。

转眼二十年过去了，我也长大了，《老中医》终于姗姗来迟。虽说这个电视剧名字依然很普通，可对电视剧内容我是很看好的。

因为这部剧是以"孟河医派"为原型，里面许许多多案例都能找到现实依据。电视剧创作贵在真实，真实到极致才是顶级的煽情。

这部剧的主人公名叫翁泉海，据说是孟河医派传人。孟河，是一个地名，是江苏省的一个小镇，但就是这个很小的小镇子，却连续诞生了轰动整个中医界的四大天王——"费马巢丁"：费伯雄、马培之、巢崇山、丁甘仁。

这四位中医大咖一个比一个"开挂"，一个比一个光辉，见过这四位才知道什么叫高潮迭起，什么叫一波更比一波强！

那么在电视剧中，翁泉海究竟是以谁为原型呢？

蛋蛋姐凭借两个依据，可以断定原型中至少有"费马巢丁"中的"丁"——丁甘仁。

因为根据电视剧介绍，主人公翁泉海是孟河医派中闯荡上海滩的人，而四大家中闯荡上海的只有巢崇山和丁甘仁，在20世纪20年代以治疗传染病"烂喉丹痧"出名的就只有丁甘仁一位，所以基本可以断定这部剧中一定有丁甘仁的影子。

那么，这位名动天下，生前让中华民国临时大总统孙中山先生题写"博施济众"匾额，死后让中华民国首任内阁总理唐绍仪亲自写下32字挽联的老中医，究竟干了哪些震撼中医行业的大事？

让我们从头看看这位人才的成长史吧。

丁甘仁，字泽周，1866年出生在江苏省武进县孟河镇。

这个镇子以盛产地道的名老中医著称，其中费伯雄号称"活国手"，马培之号称"江南第一名医"。大家千万别以为这是自封的，这都是屡屡被招进宫廷给慈禧太后和光绪皇帝看病后被国家公认的高手。

这么多牛人聚集在一个小镇上，让还不会吃奶的丁甘仁有了榜样：考什么科举？我要做天下第一名医。

丁甘仁的爸爸叫丁惠初。丁惠初的祖上那可是大户人家，当时光良田就有一百多亩，店铺更有十几家。

但是，到了咸丰年间家道中落了，尽管丁惠初还有"四品候选"的身份，但是奈何家里没钱。没钱，就没法买官，四品候选就没着落，所以最后只能以种地为生。

6岁，丁甘仁开始读私塾，估计家里实在太穷了，所以不到12岁便辍学了。

父母想把他送去商铺学做生意，但丁甘仁很坚决：我要当天下第一名医。

父母没办法，只能四处问询。最后丁甘仁的母亲突然想起自己娘家有一位老头，他就是圩塘村的马仲清，当时老马都已经85岁了，在当地很有名气。

家人带着小甘仁去见马仲清，见到后，老马说："我门人弟子已经多到数不清了，但真正让我相中的还没有一个。令郎有此天分，若真的想做行家里手还得吃不少苦头，甘仁能吃否？"

小甘仁立马跪下，坚定地说："能吃！"

从此，小甘仁就背《黄帝内经》《伤寒杂病论》《本草纲目》。但不幸的是，老马师父才教了他两年就突然去世了。

丁甘仁也跟过族兄丁松溪学了3年。丁松溪是费伯雄的弟子，而费伯雄是孟河第一把交椅，给光绪皇帝治过失音，当时名声大噪。

丁甘仁在学了5年中医后，觉得可以到外面闯荡一番了。于是他坐船来到了人生事业第一站：苏州。

这个地方曾盛产过叶天士、薛生白等中医大佬，他们开创了温病派。

但丁甘仁来到后，丝毫不畏惧，他在心底发出怒吼：我要把你们一个一个超越。

结果他的宏伟抱负还没施展，就被命运突如其来地一拳捶翻在地。

事情是这样的：丁甘仁在治疗一个孩子的时候，那个孩子突然死亡了，而这个孩子的父亲不是别人，而是有钱有势有关系、具有最强医闹基础的苏州县令。

病家带了乌压压的一大群人，一起喝骂丁甘仁"庸医害人"。丁甘仁第一次惨痛地悟到：能用钱解决的事情真的都不叫事情啊。

可以想象，丁甘仁被堵在屋子里被拳脚相加的狼狈情形。家属嘴里还不时冒出许多并不是恐吓的话："庸医啊""砍下他一条胳膊""砍他两条腿""留他在世上只会害人""一定要告他！"（丁前辈，对不住了，把您糗事写出来这叫欲扬先抑啊，汗！）

看到了吧，那时候的医闹一点不比今天逊色。丁甘仁遭遇此劫当真万念俱灰，他想到了一个字：死。

但他转念一想，此乃下下法。跑，快跑，快快快跑这才是上策啊！

就这样，手脚瘫软的丁甘仁连药箱都没拿，就一溜烟地冲出县令府衙，跑到大街上去了。

后面壮丁一字排开追赶，丁甘仁开展了一场中医史上最狼狈的逃亡威龙。

一个薄雾昏昏的早晨，憔悴的丁甘仁回到了家乡孟河，父母妻子见他脸色瘀青，问他发生了什么。

他一言不发两目垂泪，他被那句"庸医，你留在世界上只会害人"深深地刺痛了。

多少个夜晚他睡不着觉，他反复追问自己究竟还要不要行医。一个月，两个月，他内心的恐惧一天天在放大。

后来，他的师父来了，只留下两句话：解决失恋痛苦的方法只有一个，那就是再找一个；打消恐惧的办法也只有一个，那就是再勇敢一次。

丁甘仁爬起床，朝着师父磕了三个头。他将师父用毕生实践得来的理论深深地铭记在心上：再勇敢一次！

在苏州肯定是待不下去了，他将目光转向了上海。这里号称"魔都"，别号"十里洋场"，在这里既有大神一样的人物，又有恶鬼一样的狠角色。

但不管怎么样，这里适合冒险，适合想做一番惊天动地大事业的人。

他对着苍天发誓：苏州，你夺走我的信心和名誉，在上海我要十倍地夺回来。

于是他在郊区租了一个小屋，这个房东是卖鞋的，姓黄，因为丁甘仁给他治愈了一次急性病，所以两人成了好朋友。可这位黄先生是落魄秀才,家里也并没什么钱财和人脉,并不能帮上丁甘仁多少忙。

但即便如此,他还是经常把长衫借给丁甘仁穿,这样丁甘仁就能在出诊时穿得光鲜亮丽一点,免得失去身为大夫的体面。

由此你就知道,丁甘仁年轻那会混得是真不如意,连件像样的正装都买不起。

丁甘仁做了一面旗子,开始了长达4年的游医生涯。

风中雨中,他坚持出摊,地球不爆炸,他就不放假,地球不重启,他也不休息。风里雨里节日里,他都守着自己的药摊子。城管来轰,他转向弄堂藏匿。节假日别人出去浪,他白天行医晚上读书,培养功力。

总之,他那时的日子一点不比我们强,却比我们努力一千倍。

可就是这样,4年时间里还是没有什么起色,每天清早出发,回来后在出租屋里浑身疲惫。

电视剧《老中医》中那个走街串巷的小铃医,与其说是翁泉海的徒弟,毋宁说就是初到上海的自己。

终于,在一天出诊时他遇到了一个孟河老乡,这个老乡也是行医的,但人家已经闯滩成功了,不但医名大振,而且开上了"奔驰",光诊费就比他高一百倍。

这个老乡就叫巢崇山,孟河四大名医排行第三,个人出版了《玉壶仙馆医案》《千金诊秘》等著作。

巢崇山看到丁甘仁一身寒酸,想起初来上海时的自己也是这般,鼻子一酸,拉起丁甘仁到了自己豪宅里。然后做了满满一桌子饭,问他这些年过得咋样,读了些什么书,最后还把丁甘仁的药方要过去,一看,不禁竖起大拇指:行,这药方开得很有水平啊。

最后在巢崇山的保举下,丁甘仁终于在一家慈善医院取得了一个坐诊的机会,这家医馆叫作"仁济善堂"。

有了办公室，这也就意味着从此以后他不用再去摆摊了，不用再过朝不保夕的生活了：老子终于也有铁饭碗了，想想都要流泪。

仁济善堂的老板是杭州人，姓赵，当时年纪挺大，已经不再亲自坐诊，只靠一批弟子维持场面。

说实话，老赵当时是看不上丁甘仁的，毕竟丁甘仁才20多岁，太年轻，在中医行当这个年龄可不占优势。

而偏偏我们的小丁同学就能把这种劣势转变成优势。

那天店里来了一个黑道人物，名叫王贵，开着"香堂"，四处收保护费。老赵的弟子们曾经给他连续开了3次药都没能治好他的咳嗽、发热，后来他还带着很多小弟来砸过一次店铺。

这次王贵又来了，一群医生吓得瑟瑟发抖，赵老板看看叹了口气，最后看到了在角落里的丁甘仁，命丁甘仁出手。

给黑道人物看病是丁甘仁不愿做的，可在人家的店里干活那就得忠人之事，而且既然老板亲自托付，怎可因为病人是黑道人物而推辞。

丁甘仁往手掌吐了一口唾沫，摩拳擦掌一撸袖子，走到王贵弟兄面前，问道：兄弟，你怎么着？

诸位读者，千万莫以为这是要打架了，丁老爷子是医生，医生的天职是救人，丁甘仁问王贵你怎么着了，是问病情如何！

王贵把病情重新说了一遍，丁甘仁辨证开方。

两剂药下去，王贵居然真的不咳嗽了，发热也退了。

黑道人物说坏真坏，可说起仗义那也是真仗义。王贵病好了后派小弟举着牌子四处传说：仁济善堂来了一位年轻的神医，神医啊神医，你没见过的神医。

老百姓一听纷纷赶来，丁甘仁的窘迫局面一下明朗了。

紧接着，就有一位当红梨园花旦，因为接连唱戏，嗓子突然说不出话来，这叫"失音"，光嘴能动，但就是没声音。

花旦几天后又有新的订场，别人都给定金了，这可怎么办？不得已来请丁甘仁这位神医。

其实医生名气大了有好处也有坏处。治好了自然锦上添花，可要是看不好这可是砸牌子的事。

砸了丁甘仁自己的牌子没事，可现在丁甘仁的命运跟仁济善堂紧密相连，砸了人家赵老板的牌子可就说不过去了。

尽管有思想包袱，但丁甘仁还是去了。一两服药下去，花旦居然又能说话了，而且丝毫不受影响。

几天后的清晨，仁济善堂门前锣鼓喧天，一干人陪护着病愈的花旦，抬着一块"国医圣手"的烫金匾额，端着一盘子银元前来致谢。致谢完了还亲自唱了一段京剧名段，周围观众热烈喝彩。

丁甘仁望着眼前的鲜花锣鼓，流下泪来，自己摆摊那么多年，从来都是默默无闻，没想到今天终于也成主角了。天呐，心里好欢快，怎么办？

门诊量激增，丁甘仁的诊金进账多如流水，一些其他药店的老板觉得丁甘仁是块金光闪闪的宝贝，都想着把他挖掘过去。

甚至有的老板私下接洽丁甘仁，说：你只要到我这里来，我就用你丁甘仁的名字给你建诊所，让你自立门楣，行不行？什么样的条件都好谈。

丁甘仁婉言谢绝，他说："我刚进仁济善堂不久，举荐我的巢崇山信任我，赵老板和同仁也对我好，我岂能一露头角就忘恩负义？自立门派和赵老板对着干，这种过河拆桥的事情我不能干。"

就这样，丁甘仁在仁济善堂又干了几年，他的医术越来越精良，得到的诊金也越来越多。

在他31岁那年，赵老板死了。这家医馆也被上海商界大亨王一亭收购，改成了慈善机构，从此不再业医。

丁甘仁抚摸着自己的诊室墙壁盘桓良久，恋恋不舍。

恰在这时，收购医馆的王一亭出现了，这位上海商业大佬拥有诸多身份，他是上海商会主席，是中华银行董事，资助过辛亥革命和二次革命，反正所有标签上都清楚写着：我有钱。的确，王一亭拔一根汗毛都比丁甘仁腰粗。

王一亭走过来，拍着丁甘仁的肩膀说："小丁，我知道你日后必是人中龙凤，所以我今天答应你，日后你要干大事，别的事我帮不上忙，想要钱你尽管开口，我保证不会多问一句话。记着，有事就来找我。"

丁甘仁狠狠鞠了个躬，这为日后丁甘仁的大展宏图埋下了伏笔。

离开仁济善堂后，他用这几年积攒下的资金在四马路（现上海福州路）租了一幢二层楼房，开启了独立业医的新生涯。

晚上，酒桌上，丁甘仁想起自己治死过人、摆过小摊、给人家打过工，现在终于有了自己的根据地。他仰起脖子将一杯高度酒灌进胃里，岁月的辛酸闷进肚里，高兴的泪水划过脸庞。

当他取得这些小成就的时候，他可能还想不到，不多久后，他就要像一颗冉冉升起的太阳一样，在中医史上留下一道光芒。

那是他成立诊所后的第一年冬天，上海流行一种名叫"烂喉痧"的传染病，患者喉咙肿胀、身上发斑，严重的会很快死去。

这种病在西医叫作猩红热，由于当时西医还没有血清、抗生素，结果死者盈野，魔都变鬼都，每所大医院每天都抬出上百具尸体，黄浦江边随时可以见到漂流的骸骨。一时之间人心惶惶，仿如末日将临。

那是1896年，丁甘仁门诊也来了烂喉痧病人。丁甘仁诊脉看病，仔细分析，小心处方，治好一例。

第二天，来了几百号病人，许多甚至是用门板抬着来的，门外乌压压全是人头，他撸起袖子挨个治疗。

三个月间披星戴月，他救活了不下一万个病人。连西医的大医院都看傻了，一万个病人啊，我的菩萨啊。

传染病被扑灭后，丁甘仁的名字响彻了上海滩，仅仅三个月他完成了人生的蜕变，得到空前的成功。街头巷尾、老幼妇孺，人人都在谈论丁甘仁。

丁甘仁再次颤抖了，但不同于二十年前，这次他是激动得颤抖，他想起师父那句再勇敢一次，不禁滴下滚烫的泪水。

人生啊，究竟藏着多少磨难与惊喜。

类似的烂喉痧在1912年的上海又暴发了一次，享有盛名的丁甘仁再次被推到抗疫第一线。

然而这次，细菌的菌株变异了，症状也与1896年的不同。

面对困境，丁甘仁整夜守着病人仔细观察，最后确立了另一种治疗思路，正是温病派卫气营血辨证法：重痧不重喉，痧透喉自愈。

也就是说，在初期感染烂喉痧，身体肌表出痧时，要以辛凉发汗透痧为第一要务，热邪随着汗出来便不会继续加重，病情就会逐步减轻并走向痊愈，只有到了中期热毒入营分时才用清营解毒的药物。

运用这个思路，1912年的那场烂喉痧，又在丁甘仁手中被扑灭了。丁甘仁的名声终于实现了上海滩人人皆知，来找他看病的人络绎不绝。

丁甘仁的诊金渐渐堆积如山。1912年，在秘书的建议下，他出诊不再用马车，换上了海外舶来的轿车，这是上海滩第一家拥有私家轿车的中医。

20世纪20年代，正是中西医学激烈交锋的时候，树大招风的丁甘仁终于迎来了对手。

在广慈医院（现上海瑞金医院）成立仪式晚宴上，一个洋人大夫约翰故意挑衅，他跟丁甘仁说："中医能治病吗？中医，不中意！"语调歪歪扭扭，但字字带箭。

丁甘仁此时早已成熟，若是个人恩怨他绝不会反击，可当听到一个外国人守着一群洋人奚落中医时，他还是愤怒了："西医才几年功夫？西医是戏医！"丁甘仁立马回击。

说这句话的时候，丁甘仁的手指用力指着圆桌，一字一顿，字字铿锵。这一下几乎所有人都转过头来看他，丁甘仁也毫不示弱抬起头来用眼光一个个迎接。

约翰气急败坏，走到丁甘仁面前，将脸庞凑到他鼻子前咄咄逼人道："丁甘仁，我要跟你比赛，输了的滚出上海滩，你，敢不敢？"

丁甘仁轻蔑一笑道："悉听尊便，奉陪到底。"

中西医第一场民间斗争就此拉开帷幕，打擂地点就设在上海广慈医院，比赛项目是治一种被称作肠伤寒的发热性传染病。

他和约翰每人抽取一名肠伤寒病人，限期20天，看谁率先治好病人。院长以上帝的名义起誓，会保证裁判公正并全程监督。

结果10天不到，丁甘仁的病人已经完全退热并且可以起床在院门口迎接他了。

而20天过去了，约翰的病人毫无起色，甚至比之前更差，最后一天，约翰连影子都没见到，羞愧得不敢出席了。

这就叫一招制敌。

院长守着媒体略带沮丧地说："这次，丁甘仁代表的中医获胜。"

鲜花和掌声虽然一起来到面前，可此时的丁甘仁已经感受不到快乐，他心里想的是中医的未来，关于这点，他忧心忡忡。

此刻，做一件轰轰烈烈的大事的想法开始在他脑海翻腾。他要建一所大学，一所专门培养中医的大学。有了大学，别人才不会蔑视中医！

他首先给北洋政府写信请求办学，然而，教育部长的批复是：中医不科学，我们决定废去中医，办学是不可能的。

丁甘仁得知后气得拍桌子。

几年后，北洋政府内阁换了一批人，丁甘仁再次写信请求办学，还把信送到大总统那里。

他信中写道：抚今追昔，深为中医前途惧焉，中医之不振非一日矣，今日而为尤甚，欧医东渐，国粹将亡，杞人之忧，曷其有极！

大总统将信转交教育部办理，这次教育部回复：殊足嘉许，应准备案。意思是你们这个想法很好，我们允许备案办学，但经费由你们自己筹备。

尽管丁甘仁个人有不少积蓄，但是想办学校，得需要大笔资金了，这哪是他一个人能办到的？在大理想面前，他个人资金只能算是杯水车薪，摆在面前的困难堆积如山。

他想到了王一亭，当年这位金融大咖拍着他的肩膀说想要钱就去找他。丁甘仁心动了，想立马动身找王一亭筹款。但是转念一想，自己哪能这么随便就去别处找钱，还是先自己努力一番，等实在不够了再去找他吧。

于是，丁甘仁将资金入股别的大药房，这样就可以享受定期的分红，另外，他还和别的药厂合作研发了中药丸散膏丹，通过报纸杂志扩大售卖，这样就能在诊费外筹集更多资金。

当时的上海被鸦片充斥，他认识到鸦片害人不浅，若能开发出戒烟产品不但利国利民，更能筹集一份资金。于是研发出"戒烟丹"，既能造福社会，又能获取一部分收益。

戒烟丹畅销了，然而这惹恼了黑心商人和青洪帮，丁甘仁面临着随时随地的恐吓和骚扰。不得已，他向市局请求保护，市政当局不敢怠慢，甚至一度调集警力保护丁甘仁。面对重重压力，丁甘仁仍矢志如初。

丁甘仁办学保存国粹的行动，在上海被人津津乐道，最后王一亭也听闻此事，亲自出马为丁甘仁筹集大笔资金，他还鼓动当时上海另一位金融大亨李平书一起出马。

这位李平书更不简单，他是江南制造局提调兼任中国通商银行总董、轮船招商局董事、江苏铁路公司董事，创立过医学会，创设中西女子医学堂，创立南市的上海医院（现上海市第二人民医院），开办过华成保险公司等。

来帮忙的人还有很多，比如朱佩珍（字葆三）。1913年夏，他出任中华商业银行总董，1915年任上海总商会总理。当时流行一句话"上海道台一颗印，比不上朱葆三一封信"。听听这架势，你就知道来的都是些什么人物了。

有了各路大咖的联手帮忙，丁甘仁的学校有着落了。那是1916年6月，一个可以载入中医史史册的日子，《申报》连续报道26天，将丁甘仁的招生启事发布出去，丁甘仁亲自题写了"精勤诚笃"的校训。

办学，光有校舍、宿舍还不够，那只是个硬件。要培养具有真水平的学生，更需要具有真才实学的老师。于是丁甘仁再度日夜奔忙，搜寻医界骨干。

这些老师中，有很多后来的中医界大腕级人物。如夏应堂，与丁甘仁合称"医界瑜亮"。又如谢利恒，编纂过《中国医学大词典》《辞海》，光看这些书名你就知道他的学问有多大。再如曹颖甫，近现代经方界最具实力的人物。

丁甘仁为了给学生实习机会，顺便办了两所中医院：沪南广益中医医院和沪北广益中医医院，两所中医院均设有病房、药房和门诊。

有人说，有了医院应该能赚大批银元了吧。其实大家都想错了，丁甘仁的医院取名"广益"，自打一开始就是公益性质，以服务贫民为宗旨。

为了给上海穷人看病，他的医院每年施舍药物二十万包。自古及今，从没有哪一个医院敢施舍这么多份中药。

甚至为了培育人才，对于贫困学生他分文不收，还提供食宿。当时人称丁甘仁为中医界"祭酒"，祭酒相当于国家教育界最高领导。在中医界，这份赞誉丁甘仁完全担得起。

1925年，为了给女性争取权利，丁甘仁和谢利恒又建立女子中医学校，让女同胞们也能自力更生，通过学习中医实现人生价值。

这些举动在社会上造成巨大影响，后来连不怎么相信中医的孙中山先生都忍不住给丁甘仁题字：博施济众。

做中医能做到这个份上简直是顶破天了。

这个学校培养了数不清的中医大夫，光成名的就有秦伯未、程门雪、章次公、黄文东、陈存仁、张赞臣、张伯臾、许半龙等数十名，顶起了民国中医半边天。

现代的国医大师有许多算起来还是丁甘仁的徒孙，正如他所希望的那样：今日之莘莘学子，明日之佼佼栋梁，鄙人之希望也。

1926年8月6日，丁甘仁积劳成疾仙逝上海。

他死后各界纷纷举行公祭，送葬队伍多达一千多人。其中就有孙中山亲自任命的护法军政府财政总长唐绍仪，他在挽联中写道：汤汤孟河，群医辈出。谁为拔萃，公其首屈。博施济众，仁心仁术。沪之名医，世之生佛。

自孟河医派费伯雄、马培之、巢崇山之后，最耀眼的一颗医星划过天际，留给世人无限的哀悼。"世之生佛"，四字多么沉甸甸的重量。

当时，孙传芳、陈陶遗等军政名流纷纷敬献挽联，画坛一代宗师吴昌硕也哀悼说："君能医，我癖画。我画痴，君医奇。呜呼，海上浮名尽如此，死而不忘乃无死，仙乎！仙乎！君传矣！"

在短短六十个春秋里，他开创了中医界许多先河。这个从底层爬起来的大师，用他的一生向世人展示奋斗的意义，向我们传递了仁医的本质。

百年之下，谁能及之！

参考资料：

《大国医·丁甘仁》

《丁甘仁传》

《孟河医派》

《中华中医昆仑·丁甘仁卷》

曹颖甫：民国经方第一高人

凡学过中医的人一定听说过，在晚清民国时期曾有一位江苏高人，他凭借伤寒经方打遍江湖无敌手，甚至连上海的中医一哥——丁甘仁都忍不住请他出山相助办学。

这人就是曹颖甫，一个如雷贯耳的名字，一座难以逾越的高峰，多少人学习伤寒的偶像，凭一部《经方实验录》红遍大江南北。

然而令人奇怪的是，这位高手居然到了51岁才开始挂牌行医。这个年龄对现在人来说太老了，都快退休的年纪了他却才正式开始行医生涯。

我们不禁要问：曹老先生年轻时都干啥去了？他又是什么因缘走上中医道路的呢？

在回答这个问题之前，我们先要看看曹颖甫的家世。

1866年，曹颖甫出生在江苏江阴县的一个大家族中，他的祖父曾在朝廷做官，父亲人称朗轩公，是个远近有名的读书人。大伯秉生公，不但诗文有名，还是个不折不扣的中医爱好者。家里有许多医学藏书，平时能给自己和家人开个小方治病。

恰巧的是大伯家没有儿子，按照当时的习俗，父亲就把曹颖甫过继给了大伯。所以凭借这个优厚条件，曹颖甫在很小的时候就能跟随大伯接触中医，这个启蒙年龄是相当早的。

《曹颖甫先生小传》记载，他12岁的时候，就开始看张隐庵注解的《伤寒论》。这个年龄相当于今天在上小学五年级，居然能捧着《伤寒论》

读，这绝对能参加电视选秀了。

他不但可以读《伤寒论》，12岁那年还做了一件相当大胆的事。

邻居家有位老奶奶卧病在床好几个月，找了许多医生来诊治，可就是不见效果。老人肚子胀得很大，家人急得团团转。

小小的曹颖甫在邻居家串门，看到他们一筹莫展的样子，按脉诊断后，居然煮了一碗大承气汤偷偷地给老奶奶喝了。没想到这一碗药下去，老奶奶大便一通很快就精神了。

大承气汤是峻下猛药，很多名医都嫌其酷烈不敢应用，曹颖甫才小学五年级就玩了这么一个大手笔，算算这年纪，是不是很生猛？

尽管他能接触到中医，可那会儿他并不想做中医。因为在当时，读书并考取功名才是正路，考上进士就可以做官。要是选择做中医，那就跟读个技校差不多，在当时并不算什么光明大道。

所以曹颖甫年轻时读书都是四书五经，中医只能算一个兴趣爱好。

但是16岁那年，他家发生一件事，让他对中医的感情又深了一步。

什么事情呢？

那年，他的父亲秉生公生病了，腹泻，狂泻，“洞泻寒中”。既然是寒泻，那就应该温补止泻。可当时的医生却不知怎么搞的，连着用了十几副黄连黄芩，一派寒凉之药。

结果他父亲再也支持不住了，整个人开始虚脱，皮肤上开始冒汗，而且发冷发凉，神志也开始迷糊，最后，就陷入昏迷状态了。

这就是亡阳的征兆，曹颖甫当时也还小，看着这场景吓坏了，以为父亲要死了。庸医都把人治到这程度了，居然还不想换方，还不撞南墙不回头，可见当时很多医生的水平差劲到极点。

恰恰这关键时候，父亲的一位朋友来了，他叫赵云泉，深通医理。

老赵一搭脉一看舌头，说这哪里是热利，明明是寒利好吗，再吃一副凉药你爹就死了。老赵赶紧开了理中汤加丁香、吴茱萸，这都是温热药暖脾胃的。

才吃了一副，冷汗就止住了，紧接着又吃了几副四逆汤，终于能下床了，总算捡了一条命。

由此可见，当时很多庸医很害人。

赵云泉说，之所以社会上很多庸医，是因为他们不读《伤寒论》。

曹颖甫一听，哎，这个《伤寒论》我也读过，可真不知道里面的方子能救父亲，看来我还没看透啊，医术看不透，临证就慌神。于是，趁着深夜，他又偷偷看了几遍。

正看得入迷呢，父亲说了，这些医书你暂时先别看了，你都16岁了，马上要考取功名了，先看四书五经吧，等你得了个一官半职再学医不迟。

没办法，曹颖甫只能就此搁下《伤寒论》，从此苦读了9年四书五经。

25岁那年，终于可以去参加考试了。结果万万没料到，他自己居然病了，这次病得相当严重，都尿血了。

怎么回事呢？

这一年他去南京参加乡试，乡试这东西对现代人很陌生，说个简单点的，乡试是秀才往举人跨越的一场考试，秀才只能算读书人，没职位。而通过乡试考上举人，国家就可以给你派工作了，若再往上考就能做进士了。这个考试3年一次，在秋天举行，所以也称之为秋闱。

曹颖甫25岁那年，在表哥陈尚白以及表嫂的陪同下，乘上船去南京了。

结果当时天气非常炎热，船舱空间本就很小，再加上行李堆积，里面更是热得跟蒸笼一样。

好不容易到了无锡，表哥说：这里有一个非常有名的惠泉，我想跟你嫂子去泉边洗洗澡，你就留在这里看船吧。

曹颖甫倒吸一口凉气，白了他们一眼：去吧。内心却忍不住一万个不情愿在奔腾，他内心的独白应该是这样的：你们小两口去逍遥了，却让我看船，有你这样当表哥的吗！

表哥走后，曹颖甫窝在船舱里看书，热得那叫一个难受。更不靠谱的是，他这表哥表嫂居然玩了5天才回来，这也就意味着曹颖甫在船里憋了5天。5天啊，你能想象，曹颖甫见了他们后那一脸鄙夷的样子吗？

又热又生气，吃得也不好，窝在狭小的船舱里还不敢出去。刚到了镇江，曹颖甫就生病了：发热、怕冷、出汗。

在岸上请了医生看病，开了些藿香、佩兰什么的，结果毫不见效，到了南京直接热昏了，开始尿血，而且尿道生疼，口渴得要冒烟，头也疼得受不了，关键还怕冷。

还有3天就要考试了，结果闹了这么一出，要是病好不了，别说提笔作文，就连进考场都得被人抬进去。这次要是考不中，得再等3年才有机会考试，曹颖甫都快急哭了。

恰好在这时候，他的一个远房亲戚也来南京了，这位亲戚叫陈葆厚，听说小曹病得不行了，就赶来旅馆看他。

关键是这位亲戚也懂《伤寒论》，而且还是位高手，一看这症状，这是阳明内热大盛兼表邪不解啊，外面表邪不解所以怕冷，里面内热太盛溃破血络导致的尿血和高热，头疼也是因为热气上冲头脑。

怎么办呢？这病当然要外解表邪，内清里热。

治病思路大体就这样，但这还有个矛盾，解表需要发汗，但发汗会助长里热，都小便尿血了再发汗，这可是个大忌啊。

陈葆厚不愧是高手，脑筋一动，先给他买了3瓶荷叶露、10个黄金梨，兜了一大包给曹颖甫，说：孩子，你先把这些喝了。

曹颖甫正渴得要命呢，见了这清纯甘甜的荷叶露，3大瓶一饮而尽，总算稍微解渴。

但没过多久，又开始感到焦渴难耐。看到了吗？阳明热证就是这么凶悍。

再吃梨，一会儿10个梨子都吃上了，只剩下梨核。

吃完梨，陈葆厚给他煎了一碗药让他喝了，喝完药后立即觉得清朗不少，很快就睡下了，醒来后头就不疼了，再喝了两碗药，开始出汗，汗出得很猛，衣衫皆湿。

但奇怪的是，出完汗后，所有的症状居然一夜之间全部消失了，肚子开始感到饿，陈葆厚又让他喝粥。这病就3剂药，全好了。

曹颖甫问他开的什么药，陈葆厚说：石膏、桂枝，勉强算个白虎加桂枝汤吧。

曹颖甫又问他花了多少钱，陈葆厚说：6文钱。

曹颖甫哀叹一声，说：这个白虎加桂枝汤我也看过，为什么我就不会用呢？

后来曹颖甫的徒弟姜佐景解释这个病，说：恶寒是表不解，解表须发汗，但小便已见血，说明津液已经匮乏至极，已经没有多余的汗可以发得出来，所以先喝荷叶露、吃雪梨，这是增液培源，相当于人参的效用；等到津液恢复了，再用桂枝发汗，同时用石膏清热，醒后喝粥，这是白虎汤粳米之用。寒热并用，外解内清，此乃仲景之大道也！

曹颖甫病愈之后轻装走进考场，初七那天，他开始奋笔作战，一直写了7天毫不倦怠，曹颖甫很感激陈葆厚，一直把这份恩情记了好多年。

那这次乡试考上了没有呢？很可惜，曹颖甫落榜了。

曹颖甫落第之后回家了，他依然苦读不辍。

3年后，曹颖甫被选进了南菁书院深造。现在有一座南菁中学，就是由当时的南菁书院演化而来。曹颖甫就在这里读书。

这所学校很厉害，与诂经、钟山、学海三座书院并称"晚清四大书院"。胡适先生曾说过："在南菁书院，他所出版的书籍等于外国博士所做的论文。"可见曹颖甫读书的用功。

曹颖甫在这里读书，那么他那会儿都读了些什么书呢？我国著名教育家蒋维乔先生有怀念曹颖甫的文章《曹颖甫先生传》，里面透露了一些内容："颖甫于研求经训之外，肆力于诗文，其为文，初学桐城，更上溯震川、庐陵以达晋魏，其诗尤超绝有奇气，不为古人所囿，别树一帜。"

看到了吗？曹颖甫的诗词是很厉害的，古文写得也很棒，学的都是历代文章大家的风格。但是，曹颖甫的性格有点憨厚，同学们都称他作"曹憨"。

怎么理解这个"憨"呢？肯定不是傻，说明曹颖甫年轻时是很朴实的一个人，大概对于应酬往来不怎么上心，还有点傲气，有些独来独往的意思。人家叫他曹憨，他不生气，后来干脆拿这个当自己的字了。

1902年，曹颖甫再次参加考试，这次中举了，但此时他已经36岁了。这本来是件值得高兴的事，但清王朝在3年后宣布废弃科举，所有的都不算数了。

曹颖甫听到这个消息后苦笑一声，他坐在庭院的大桐树下开始思考自己以后的人生。

做什么好呢？做什么好呢？做什么好呢？科举都没了，之前的努力可以说几乎全部白费了，前途一片黯淡，之前的日子都白活了。

他还没想好该干什么，他的母亲却生病了，咳喘，剧烈地咳喘，而且吐胶状的浓痰，咳喘得躺不下身子。到了晚上更厉害，简直连觉都睡不了。

什么原因呢？大概是母亲经常抽烟，肺里堆积了太多痰垢，痰垢迫肺导致剧烈咳喘。

曹颖甫一看这症状，想起《金匮要略》中的一句话："咳逆上气，时时吐浊，但坐不得眠，皂荚丸主之。"

于是他给母亲开了一个皂荚丸的方子。这个药现在看来相当猛烈，与大黄、芒硝、甘遂、附子并称"伤寒五大虎狼药"。

但情势急迫，曹颖甫来不及多想了，做了好几个药丸，拿到了母亲面前。可能是他一开始没什么经验，做的药丸太大，母亲根本吞不下去，只好将药丸切成绿豆大小，就着用大枣熬成的汤喝了下去。

很快，母亲开始频频大便。曹颖甫一看，天啊，这哪是大便，明明是一堆白色黏冻状的痰液啊。

母亲连续排了几次大便，咳喘居然消减得几乎没有了。

怪哉，什么原理呢？

原来古人没有香皂，想把衣服上的油垢洗掉，就只能用皂荚树上的皂荚，它具有极为强烈的去油污效果。到了人体，它照样能发挥涤除痰垢的作用，就把肺里面的烟焦油给清洗出来了。

倪海厦先生曾说：做中医的，要是不会用皂荚，说明他不是一个合格的中医。由此可见，猛药有大用，可现在敢用皂荚的中医简直千中无一，说起来真是有点悲哀。

曹颖甫经过这么一次实验，立马想起了12岁开始看的中医书，又想起了25岁时差点"挂"掉被陈葆厚治愈的经历。

一拍脑门，哎，我不能闷死在家里啊，以后就学中医吧，学好了不但能赚钱糊口，重要的是能给自己的亲人治病啊。

于是，他重新一头扎进张仲景的著作中，死死咬着《伤寒论》《金匮要略》从此再也不松口了。

很快，他又实验了一次。他母亲的婢女得了蛔虫，疼得在地下打滚，鼻涕眼泪滚滚，时而昏厥，一会儿又疼醒过来，这股折磨人的感觉，想想简直不想活了。

曹颖甫一看，打蛔虫，用乌梅丸啊，可吃了乌梅丸不管事，而且肚子里的蛔虫翻腾得更厉害了。

曹颖甫一下决心，我学了这么多年医术，还斗不过你们这帮小虫子了？

立马开了一个"甘草粉蜜汤"，这是《金匮要略》中治蛔虫的一张方子，里面用了一味药——铅粉，估计现在的医生一听这俩字头都大了，大伙都不敢用，怕铅中毒，这闹出事来绝对吃官司而且保输。

但曹颖甫这人就是胆子大，开了6克铅粉。吃下肚子后不到半天时间，天哪，这位婢女居然拉下9条蛔虫，粗的有小拇指粗细。

婢女的病彻底好了，而且没有中毒，大概铅粉还没被人体吸收就全被蛔虫吸进肚子里了。

这个甘草粉蜜汤组成很有趣，我们能看出张仲景真是聪明。他先用白蜜当诱饵吸引蛔虫来吃，同时，白蜜里还掺杂着铅粉，蛔虫一吃下去就会中毒麻痹，最后只能乖乖地随粪便排出来，最后再用甘草保护肠胃，可以说充满了斗争的智慧。

经过这两个大胜仗，曹颖甫对张仲景已经无比信任了。再稍后，他还用十枣汤治好了母亲的痰饮，用大黄牡丹汤治好潘氏的阑尾炎，还自己尝试了很多猛烈的药。

经过这么多次实验，他终于知道，张仲景的书是真正的龙泉宝剑，只不过已经沙埋多年，市面上的医生已经不敢用，既然他们不敢用，那就自己用吧。

在他苦读《伤寒论》期间，到了1915年，这是当时政局动荡的一年。

袁世凯先是称帝，遭到全国势力的征讨，但是曹颖甫家族里偏偏有一位长辈看不清形势，居然接受了袁世凯政府的贿赂，做了县里的代表。

曹颖甫知道后连夜闯进他的家门，指着他叔叔骂道：叔啊，您老怕是昏头了吧，袁世凯招致千夫所指，万人唾骂，你却甘愿做他的手下，你自己不要面子，可别给我们曹姓子孙和江阴人民丢人啊，你快醒醒吧。

吓得他叔叔赶紧说：没有此事，绝对没有此事！

如果换做一般人，对自己的长辈，敢这么质问吗？可曹颖甫却不怕，曹颖甫的憨究竟怎么解释？他不傻，他是坚持正义。

之前一边读儒一边学医的时间估且不算，从37岁开始，他正式研究《伤寒论》了，这一研究竟长达十几年。曾经多少个夜晚，他捧着书追问自己：我看这些书要看到什么时候？

后来有一天，他感觉到张仲景就在自己身边，张仲景的思想已经灌入他的脑海。他走到庭外对着北斗星大喊一声：走吧，你可以凭借医术闯荡江湖去了！

1919年，曹颖甫从江阴来到了上海，他在上海江阴路租了一个门头房，挂上了自己画的梅花，穿上长袍，戴上瓜皮帽，开始正式坐诊。

如果你开了一家诊所，从开始到成名到金字招牌需要多少年？少说得10年吧？

而曹颖甫只用了1年，他的名声在上海滩已经十分响亮。

第二年，一位很厉害的人物来到曹颖甫的诊所，他就是前文所提到的丁甘仁。

在当时的上海，丁先生是毋庸置疑的中医界老大，他已经办起了一座现代化中医学校，旗下聚集了大批的名医、名师。但是丁甘仁知道，有一位先生，无论如何也要把他请到，这是其他所有人不能代替的，那就是江阴路曹家诊所里的曹颖甫。

出发之前，丁甘仁很忐忑，他在犹豫，曹颖甫名气这么大，自己能请得动吗？

没想到，丁甘仁刚说完第一句话，曹颖甫立即知道他的来意，英雄惜英雄，曹颖甫只问了一个问题：讲课时能抽烟吗？

老丁一听，大笑一声，道：能抽，不但可以抽烟，我每月还定时给你送纸送烟。

从此，曹颖甫进了上海中医专门学校，那一天是上海最厉害的两位医生的首次碰面。

蒋维乔描写曹颖甫的传记中写道：曹颖甫讲课时烟不离手，一边讲课一边吸烟，讲解《伤寒论》《金匮要略》常常令学生浑然忘了他还在抽烟。

除了讲课，他还在学校办的医院里看病，病人依然排队找他。在学生看来，这是一道让人羡慕的风景线。

这样的日子匆匆20年过去了，他凭借经方治愈了无数的大病重病，可他却没留下多少文字。

他的学生姜佐景感到老师越来越老了，有些东西再不写出来，师父万一作古，岂不是中医界的重大损失？

于是姜佐景多方搜求老师的病案，积成《经方实验录》一书，这部书是所有伤寒学生必备书，而且可以说是伤寒中最好的医案书之一。

时光匆匆而过，曹颖甫那年已经70岁了，国家积贫积弱，日本人长驱直入，他的家乡江阴被日军占领。

曹颖甫从上海回去后，就在家乡开了一间诊室继续行医，而令所有人不敢相信的是，他的生命也断送在这间诊室之中。

那一天突然来了两个日本兵，由于语言不通，他们就拿毛笔在纸上写字，曹颖甫一开始还耐心跟他们交谈，大意就是让曹颖甫担任维持会会长之类。

曹颖甫摆手拒绝，两位日本军官脸露不快，但曹颖甫始终不理他们继续埋头写书。

没过几分钟，一位女孩突然跑进了曹颖甫的诊所，后面两个日本兵跟随而来，他们居然在光天化日之下要强奸。

曹颖甫见状大怒，拾起桌上的砚台砸了过去，恼羞成怒的日本兵挺起刺刀一下捅进了曹颖甫的腹部，鲜血顺着棉衣涌了出来。

家人找到他时，他已经躺在地上不能动弹了。家人急忙把他抬回家，在花园里养了3天，最终一代大医曹颖甫还是永远地闭上了双眼。

曹颖甫一生爱画梅花，而最后，他用自己的鲜血做墨、用自己的气节做枝干，描绘出一幅生命的红梅图，寒冬凛冽，凌寒独开，香气流传几十年，至今仍为人所称道。

曹颖甫是中医史上的奇才，他一辈子治疗各种疑难杂症用经方者高达十分之九，而且多能取效。时人赠雅号：曹一帖。

他对世人用辛凉轻剂的做法不以为然，认为这是避重就轻，真碰到急病、重病根本毫无用处，正如《经方实验录》序言所载：发汗辙豆卷，驱风唯菊花，治病若儿戏，误人宁有涯。

他集平生之志打磨张仲景的玄铁重剑，每每出刀，总能削铁如泥，当者披靡。

参考资料：

桂枝新浪博客《一代传奇曹颖甫》

《经方实验录·自序》

《曹颖甫先生小传》

张简斋：不能被忘却的当代医宗

各位读者朋友们，跟蛋蛋姐说说，你的中医梦想是什么？

日诊百人？经常上个电视什么的？出几本爆火的中医养生书？成为受人尊敬的专家学者？成为省级名老中医？估计我们想做的也只有这些了。

那你有没有想过给国家领导人诊病？哦，对不起，我可没这么大梦想。说这个的怕不是纯吹牛？纯做白日梦？得有多大的水平才敢揽这活？

可是在民国时期却有一位老中医，曾完全实现过上述梦想，国民党政府要员宋美龄、陈果夫、陈立夫、于右任、林森、陈诚、宋子文都经他治好过病，这些人对他感激得不得了。

共产党的领袖人物周恩来、邓颖超、董必武也经他治过好几次病，关系也亲密到非同一般。光这一点经历，够不够传奇？

这个人就是——张简斋。一个你可能没有听过，但听完后肯定再也忘不掉的神人。

有人说张简斋这么厉害，能给这么多政界大佬治疗，应该是天才了吧？

NO！这位张老曾悲催了大半辈子，一直到了45岁才一炮而红，而在大红之前的40多年过的日子，只能用苦哈哈来形容。

一个有本事的人难道真的需要等到45岁才成名吗？这里面到底发生了什么？

1880年，张简斋出生在南京聚宝门鞍辔坊附近，他的父亲名叫张厚之，也是一位中医，但是业务水平很一般，可以说是籍籍无名。不要说达官贵人不找他看病，就是寻常百姓病了找他的也很少。

每天三两个病人，只能勉强糊口度日，想改行做其他的，又什么都不会，你说悲催不悲催？

偏偏当时南京城内有四大名中医，号称"一石三卿"。这"一石"是王筱石，"三卿"是朱子卿、武俊卿、隋仲卿。

你说气不气人？你们三大天王厉害就厉害吧，可非得连名字的最后一个字都像串通好了一样，这明显是不让别人活啊！

可是，你以为偌大的南京城里就只有东邪西毒南帝北丐四大家吗？NO，南京城可是个大城市，除了这四大武林至尊，还有：丁氏痔科、梁氏骨科、洪氏眼科、胥氏妇科、徐氏外科、谢氏内科，这每一家都是百年以上的大门派，在南京城里都有大批拥趸。

张简斋的爸爸，苦哈哈的张厚之先生望着眼前这些珠穆朗玛、青藏高原，有点头脑缺氧。

更令张大大焦虑的是，四大名家之一的隋仲卿生了一个男孩，取名隋翰英，正与自己的孩子一般大小。

"我这一辈子肯定比不上隋仲卿了，那就希望我的儿子以后能给我争点气吧！简斋我儿，你长大了，一定要超过隋翰英！"张厚之把全部希望寄托在了儿子身上。

所以张简斋从小的目标就一个：超过隋翰英，为老爹争口气！

张简斋每每在路灯下读书，都会愤愤地说一句：一定要争气，我并不比隋翰英笨，他认为很难办的事，我经过努力一定能办到！

果不其然，张简斋真的拼上了。隋翰英考科举拿了个秀才回来，第二年张简斋也轻松考上了，一点都不甘人后，那年张简斋才17岁。

隋翰英读《大公报》开眼界，张简斋也买来《申报》每天做笔记。

在学习上张简斋步步紧逼，不敢懈怠。总之，他就是想一步一步超越隋翰英。

然而，你以为人生要成功只靠努力就够了吗？哪有那么简单。

随着辛亥革命的到来，清廷轰然倒塌，科举完蛋了，无数学子考公务员的路就这么被残忍地断绝了。

人家隋翰英丝毫不在乎，当不了官没关系啊，做医生不也很棒吗？我爹可是南京四大名医之首，每天二三百号病人。常言道名师出高徒，虎父无犬子，只要勤奋学习老爹的医术，下点苦功夫，几年后还是一条好汉。

同样的废除科举，张简斋可就完了，本想着在科举上一举拿下隋翰英，来个弯道超车。万万没想到，人家隋翰英这次要拼爹了，张简斋要哭了：自己一百个爹捆一块儿也比不上人家一个啊。

是的，这话听上去可能有点泄气，但中国古人说得很客观，决定成功的是"一命二运三风水，四积阴德五读书"。

祖辈父辈的人脉关系、家庭涵养在成功的要素中，有时的确占很大比重。并不是说苦其心志、劳其筋骨，就能天降大任了。有时候，太过穷困也容易消磨掉好汉的意志。要不然，怎么叫一分钱难倒英雄汉呢。

而张简斋从此就被命运摩擦在粗糙的花岗岩上了。

20多岁时隋翰英开始在家独立应诊了，他天资聪颖，勤奋刻苦，再加上老爸潜移默化的影响，每天都能看几十个病人，收一笔上千元的诊金，一切顺风顺水，名气也渐渐在南京城传开了。

而张简斋一时半会儿却打不开局面，一天连60块钱都赚不上，只能生活在最低工资水准上，真真坐困愁城闷煞人也。

摩擦摩擦，在粗糙的砂纸上摩擦，张简斋混得越来越差了。

著名中医肾病专家邹云翔，在纪念张简斋先生的文章里说："简斋刚过而立之年，便目睹了华夏江山改朝换代。奈他年过不惑时，还未能医运亨通，来诊者寥寥无几，当时举家食粥，家境极为清贫。"全家就靠吃粥活着，想想就觉得凄凉。

估计年轻时的张简斋，每每想起隋翰英都会说：人比人气死人。但没办法，命运就算把你摩擦得浑身鲜血，你能咋样？

他已经不敢再去思考超越隋翰英的事了，只想着本本分分每天能多看几个病人，拿点糊口的钱。

病人不多时，他就读读书消磨时光，张仲景的医著、邹澍注解的《神农本草经》、叶天士的医案、吴鞠通的《温病条辨》、王孟英的《温热经纬》、雷少逸的《时病论》、吴谦的《医宗金鉴》，这些书他早先已经读得滚瓜烂熟。

现在他又加紧研究《医学心悟》，慢慢有了更多的医学心得。

如果没有接下来这件事，张简斋很可能一辈子就默默无闻了，但是偏偏时光走到了1925年，他终于在过了不惑之年后彻底爆发了。

那是1925年春夏之交，南京温病流行，全城每天能死一百多人，尸体从城门中运送出去，哭丧之声接踵而来，甚至出丧的人家能排满大街小巷。

社会恐慌极了，说末日降临一点儿也不过分。

那时候孙传芳主政东南五省，召集省长、督军发放大批救济金，同时沿街消毒，希望能安抚惶惶人心。

那时教会办有西医医院，尽管也有几名西医，但完全无济于事，他们对瘟疫流行束手无策。

张简斋眼睁睁看着街上行人神色匆忙地朝着南京四大家奔去，而对他的坐堂根本不闻不问，视如空气。他只能空叹无奈，大家对名家趋之若鹜，谁会留意自己这个无名之辈呢？

然而慢慢地，张简斋发现事情不对劲，奔着四大家去的人越来越多，城中死的人也越来越多。这只能说明一个问题：这四大高手开的药无效！

张简斋开始着意搜寻四大家开的方子，他们的方子大体相同，基本都是辛凉之剂。以辛凉对温病来说应该合拍啊，但为何无效呢？

一开始张简斋还不敢相信，难道还有东邪西毒南帝北丐这样的大高手打不了的怪？

终于，有一个穷苦的患者来找他看病，病人冷热交替，一会儿瑟瑟发抖，一会儿脱衣喊热，唇色焦枯面容失神，望之离死不远矣。

张简斋一看，这就是瘟疫。

张简斋看到病情这样严重，开始还不敢出手，后来一想，此时不出手更待何时？他根据病情处以小柴胡汤三副，嘱咐家属赶紧回家煎药。

第二天一早病人家属带着很多人来了，张简斋一看差点儿吓尿了，莫不是昨天的药无效，病人死了？这是来医闹的？

就在他迟疑要不要藏起来躲躲的时候，病人家属指着张简斋，对身后的人群说：这位就是救活我家老汉的神医！说着扑通跪倒在地。

神医？张简斋45岁了，做中医20多年了，从来没人称他作神医过啊，然而病人叫得分明，"是救活我家老汉的神医啊"。

还没等张简斋仔细询问，后面的家属呼啦啦全部跪倒，请求张神仙出手救家里患病的家属。

此时此刻的张简斋来不及多想了，赶紧背上药箱子，随着一群病患家属挨家挨户治病。

没想到病患情况基本一样，既然昨天小柴胡汤管用，那就继续开小柴胡汤吧。

那天，张简斋开了七八十副小柴胡汤，他一辈子都没开过这么多小柴胡汤。

第二天一早，他再挨家挨户探访，结果效果出奇得好，昨天还打寒战的病人今天体温就正常了。

天哪！他欣喜极了。

第三天来的病人更多，足足上百个病人家属，还有富家派车马来接的，他又是挨家挨户治到半夜，依旧是小柴胡汤，三副。

等到第四天第五天清早，病人已经挤爆了他坐诊的药店，甚至连店外的巷子里也人头攒动，等待诊病的人就像赶集一样，所有的目光都盯在他一个人身上。

他从来没见过这么大的阵仗，更没想过自己开的药居然轰动了整个南京城。

当天他又开出上千副小柴胡，自家的药材不够就去别的药店买，南京城的柴胡，一夜之间全部脱销了。

到此时为止，金陵城内所有的医家，都听说了张简斋的名字。不管当时的四大家也好，还是七大门派也好，都被张简斋一时无两的风头彻底压制住了，人们对张简斋有了新的称呼：张神医。

这是上天派下来的天使，救群众于水火之中的。

病人趋之若鹜，张简斋很快引起官员注意，既然张神医妙手可以起死回生，那么就把这抵抗瘟疫的大任统统交给他吧。

南京没药了，政府负责进药，动辄以马车计算。整整一个月，南京城内几十家大药店的老板都把小柴胡汤调配好，药剂师日夜开工大锅煮汤，旁边立上一个白底黑字的牌子：张简斋医师亲自监督配方。病人来了就施舍一大碗。

慢慢地瘟疫被扑灭了，而写着张简斋名字的横幅、木牌，也传遍了南京城大大小小的角落，有的贴在墙壁上，有的漂在路边的水洼里，有的还在空中随风飞扬，仿佛上帝替他撒了漫天的小广告。

当张简斋忙完这一个月，累得手都发抖了的时候，他大概还无暇考虑，自己现在已经是南京城内真正的神。

所有南京医家都目瞪口呆，谁都无法想象，那个在自己眼皮底下曾经籍籍无名的小卒，居然成了最耀眼的阳光，最响亮的霹雳，最具震撼力的飓风。

从此，江湖上多了一个称号：南张北施。南张就是张简斋，而北施就是京城四大名医之一的施今墨。就像《天龙八部》里北乔峰南慕容一样，他们两个的名字成了医林中最具威慑力的存在。

时隔多年，古龙先生大概也从长辈那里听闻了张简斋的事迹，禁不住心中暗暗膜拜，以至于在创作《楚留香传奇》时设置了一个与张简斋同名的神医，古龙先生在书中这样写道：

楚留香勉强笑道："年轻人病一场算得了什么？病好了反而吃得更多些。"

左轻侯摇着头，长叹道："你不知道，你不知道，这孩子生的病，是……是一种怪病！"

楚留香道："怪病？"

左轻侯道："她躺在床上，点水未进，粒米未沾，不吃不喝已经快一个月了，就算你我也禁不起这么折磨的，何况她……"

楚留香道："病因查出来了吗？"

左轻侯道："我已将江南的名医都找来了，却还是查不出这是什么病，有的人把了脉，甚至连方子都不肯开，若非靠张简斋每天一帖续命丸保住了她这条小命，这孩子如今只怕早已……早已……"他语声哽咽，老泪已忍不住流了下来。

楚留香道："二爷说的张简斋，可是那位号称一指判生死的神医名侠简斋先生？"

左轻侯道："嗯。"

楚留香展颜道："若是这位老先生来了，二哥还有什么不放心的，只要他老先生肯出手，天下还有什么治不好的病。"

大家都知道，古龙先生一向恃才傲物，那是一位眼睛长在头顶上的主。而在他的笔下，却写了两位历史上真实存在的名中医：一位是清朝温病派创始人叶天士，他恭敬地称之为"天医星"；而另一位就是今天所讲述的张简斋，古龙尊称其为"一指判生死"。

当然，这次瘟疫还只是张简斋简历上的第一笔，后面更多辉煌的事迹还要被一笔笔浓墨重彩地添上。

1927年，民国政府定都南京，南京更是空前热闹，人多了，得病的人也会多，而只要诊病，大家都会首先想到张简斋。

病人太多了，张简斋一开始还一个一个地看，后来发现这样时间根本就不够用，索性一次看仨。这绝对是中医史上最亮丽的画面。

只见他左右两手分别给不同的人搭脉，眼睛还要盯着第三个人的舌苔，别人看他一心三用禁不住暗暗担心，可张简斋头脑清楚丝毫不乱。

诊毕，三张处方一字排开一挥而就，撕下药方再伸出三根手指头告诉病人，抓三副，保你好。

事已至此，估计大家都很想看看张老先生究竟怎么看病的，为何能厉害到这个程度？

我们不妨引他几个医案瞧瞧，顺便看看那时候的病情与现代中医所遇到的有何不同。

有一个胡姓小孩7岁，得了风水病，大家如果不懂中医，还以为这是老先生看墓宅。其实风水病是中医的叫法，就是得了外感后引发的水肿病，外感叫风，水肿叫水，合起来就是风水合病。

病人有什么表现呢？浑身水肿，自觉皮肤发胀，呼吸急促，神情淡漠，脉小。

如果这个病发生在现代，那么家长肯定首选急诊了，光看样子就很吓人，何况还是个小孩。可是当时南京城内几乎没有急诊，只能靠纯中医。

张简斋开的什么方子呢？小青龙汤。蜜炙麻黄（先煮去沫）、水炙桂枝、炙甘草、细辛、干姜、北五味子、法半夏、炒白芍、茯苓、甜葶苈子、陈葫芦皮。

这个药方因为药性比较辛温，喝了后会令人出汗，这在中医称之为"开鬼门"，鬼门就是毛孔，皮下之水随着汗液排出体外，水肿就会渐渐消散。

另外，张老在药方中还加了葶苈子，对于呼吸喘粗憋闷有很好的缓解作用，果然此幼童服后病愈。

看完伤寒案例，再看一个杂病案例，真切体会老中医看病思路的精妙。

有一位张太太患病：小便困难。想小解的时候解不出来，不想解的时候偏偏淋淋沥沥，为此真是苦恼透顶，这种情况已经持续2个月了。除了小便不畅外，还有小腹下坠感，脉象小，苔白腻，近日的尿中还发红。

张简斋开了什么药呢？蜜炙升麻、炒柴胡、秦当归、黄芪、党参、土炒白术、陈皮，这是一个补中益气汤。

另外他还加了3种中成丸药：通关丸（黄柏、知母、肉桂）、五苓散（猪苓、茯苓、泽泻、白术、桂枝）、金匮肾气丸（熟地黄、山药、山茱萸、牡丹皮、泽泻、茯苓、附子、桂枝）。

事实上，我们治疗小便不利，后面三种丸药都很常用，偏偏是补中益气汤却很难知道，因为升麻、柴胡被认为有把气往上升提的功效，那么为何他要开这个升提药物来治小便不利呢？本来小便就降不下来还要用升提之药，难道不是越提越往上吗？

张老解释了：此人脉象弱小，小腹下坠，是辛劳中虚，中气不足。中气不能升提，无升则不独降，所以用升提之法，实是下降之法。

看看老中医的思路，才真叫中医思维。张简斋45岁医名始振，国民党高官要员也纷纷亲来求诊。

1933年，中华民国政府主席林森患了"隐疾"。既然是"隐疾"，大概无法与外人道，外人自然也无法知晓，不过猜测一下，大概是男科疾病之类。

林森派车接张简斋到主席官邸治病，张简斋开两服药下去，居然让林森的疾患霍然而愈。

林森非常感谢张简斋，亲铺宣纸饱蘸浓墨题写了四个大字：当代医宗。

后来，一群留日留美归来的西医，在汪精卫的支持下认为中医不科学，要求中医停止执业，这就是中医史上闹得沸沸扬扬的"废止中医案"。

张简斋知道后义愤填膺，认为这是毁灭国粹的忘本之举，于是带领大家去南京政府请愿。

由于他在医界的地位尊崇，曾多次给中华民国政府要员诊病，所以得以顺利面见蒋介石，蒋介石听后亲自拍板：对中医中药，绝对拥护。

他们这次还见到了冯玉祥、阎锡山这些当时手握实权的大佬，他们听后也纷纷对中医表示支持，甚至还把当时的卫生部长叫来狠狠地训斥了一顿。

迫害中医的阴谋，就这样被张简斋带领的请愿团轻松化解了。回顾这段历史，如果当时没有张简斋的奔走，努力为中医争取支持，中医很可能在那时就被废除了。

在南京，张简斋已经成了首席名医，民国政府的大小官员纷纷交接，然而他却从没有因为大红大紫而涨过一分钱的诊费。

甚至在1937年12月日军攻打南京时，民国政府为了他的安全着想，曾派专员请他去重庆避难。

没想到被张简斋一口回绝。

当时日军飞机正轰炸南京，许许多多市民被炸伤，鲜血淋漓、脓血遍身，状况惨不忍睹，他知道老百姓需要他的救治，他不忍心自己先走，这是何等的壮烈。

孙思邈在《大医精诚》里说："见彼苦恼，若己有之，深心凄怆，勿避险巇，昼夜寒暑，饥渴疲劳，一心赴救，无作功夫形迹之心，如此可为苍生大医。"

孙思邈说的精诚大医不正是张简斋这样的人吗？

以张简斋的身份，想提前去重庆避难是一件很容易的事，何况民国政府还提前想到他，早就派人来请他撤离。

然而在危急时刻他却选择留下，和普通市民同患难，这是对苍生大医最好的诠释。

最后，张简斋还是撤到了重庆，但到达重庆后也没有休息，而是受命担任了"伤兵救护大队中医大队长"，带领众多中医师及学生不分日夜救治从前线运回的大量受伤官兵。

当时董必武先生患上了急性哮喘，情况比较严重。周恩来早就听说了张简斋的大名，派人跟张简斋接触，希望他去为董必武医治。

因为要渡过嘉陵江，白天满城都遭到轰炸，只能选择视线比较差、日军轰炸相对减少的晚上前往。

张简斋毫不犹豫地去了，一次就治好了董先生的哮喘。

张简斋的医术令周恩来叹服。后来，在1947年，周恩来还亲自去南京鞍辔坊看望他。

张简斋凭借过人的医术在领导人中享有盛名。而令他红遍全国的，是三剂药治好了宋美龄的胃病。

关于这件事情，国民党军委会委员长侍从室王正元曾写文回忆：

当年笔者供职国民党军委会委员长侍从室时，就听说宋美龄患有严重的胃病。蒋介石身边的高级医官吴麟孙博士（西医留德归来）悉心诊治，可收效不大，遍请渝市名医诊治，病情仍无明显起色，及至后来卧床不起，只能食些少量流汁。本来准备赴美就医，然时局危急，迟迟未能成行。

宋美龄贴身女佣蔡妈，扬州籍，是陪嫁宋美龄来的，宋患病期间她衣不解带日夜侍奉，宋美龄的秘书陈小姐也每天清晨必至夫人床前问候病状兼及请示公事。

这天早晨蔡妈见夫人痛楚的样子，急得几乎要哭出声来，便斗胆冒了一句："我就不相信西医。"

夫人瞥了她一眼，秘书陈小姐也说："不妨请夫人试试看。"

蔡妈见有人帮腔便趁机说："我母亲和姨妈都患过严重胃病，都是经中医、中药治好的。"

蔡妈和陈小姐都知道夫人崇尚西洋，她俩说中医好未必听得进，出乎意外，但见夫人把头点了一下。

陈小姐便接着说："南京旅渝的名中医张简斋，现年70多岁，医道精湛……"

宋美龄立命侍从室陈希曾中将去请张简斋老先生，陈希曾不知张简斋住处，驱车去找重庆市警察局局长徐中齐，正好徐中齐在办公室，陈、徐二人同往张简斋住所。

张简斋看到来人后即随同徐中奇至官邸，在宋美龄会客室把脉开了药方，服了两帖药痛止了，三四帖后饮食正常了，蒋夫妇很欣喜。

张简斋治愈蒋夫人后名震朝野，誉满山城，不用说，他的诊务更加红火。但是，张简斋不但医术精湛，而且医德非常高尚，尽管医务忙，却从不加诊费，并对赤贫者送医送药。他带着四五名学生帮同助理，诊所里有药店派有专人，随拿药方随即配药。

1943年，时任抗日远征军司令长官的陈诚，因胃病复发亦曾延请张老乘飞机赴昆明诊治，张老一周内便将陈诚的胃病治愈，然后速速返渝。

同年，陈立夫患上了痢疾，当时西医用药过量导致病情恶化，后陈立夫赶往重庆急请张老用中药治疗，数剂即愈。

陈立夫之兄陈果夫先生患上了肺咯血，张简斋曾予之精心调治，用中药止住了陈果夫的咯血。后1948年秋，陈果夫在南京时肺病又发，左胸侧溃洞流脓，请当时的名医会诊，其中的中医就请了张简斋。陈果夫能活到20世纪50年代初，张简斋实是功不可没，陈果夫倚之如救星。

1945年，简老又曾以三剂中药治愈过宋子文的腰痛症，本来蔑视中医的宋子文，就此也不好意思再瞧不起中医了。

抗战胜利后，张简斋还在南京治愈过董必武的老年慢性支气管炎。

1945年冬，美国《生活》杂志驻重庆特派记者白修德，曾带一个女秘书赴张宅专程采访张简斋并写了一篇专稿，开头便说：现在重庆最忙的人不是TV宋（宋子文），也不是陈诚，而是一个医生——张简斋。

张简斋成为第一个登上美国杂志的中医。

1945年8月抗战胜利，翌年5月初，66岁的张简斋由其儿子张祖淼陪同，乘飞机先行返回阔别已久的南京故地，结束了为期八年的流亡生涯。此后，张老依然在他那城南的鞍辔坊一号旧居悬壶应诊。

然而树欲静而风不止，太大的医名让他成为南京市争相拜访的名人，南京市市长马超俊亲自登门让他做了参议会的参议员，一辈子从不涉及政治的张老就这样有了医生之外的另一个政治标签。

如果是太平盛世，那完全无碍，可当时内战在即，他却做了国民党的参议员。

1947年，国共和谈破裂，战火弥漫中华大地。

1949年5月，张简斋意识到，自己这辈子给国民党太多的高层政要治过病，不安开始笼罩着他的内心，这导致他终于做了南下香港的决定。不料，背井离乡的颠簸生涯让他一年后于香港去世。

再后来，他的孙辈将其骨灰迎赴美国葬于洛杉矶，永远地长眠在了大洋彼岸。

由于忙于诊务，张简斋未能有时间留下自己的著作。而散落在各地，最能体现他学术思想的药方，也在中华人民共和国成立之初和"文革"时被视为"毒草祸根"，几乎全遭损毁。

一代医宗张简斋，活着时如同烈火一般耀眼。死后的几十年由于政治因素，却沉寂到整个中医学术界难觅其踪，只给人留下一个神秘的背影，然而，这个背影却璀璨夺目到极致。

正所谓，斯人若彩虹，遇上方知有。

参考资料：

《百年金陵名医》

《金陵名医张简斋传奇人生》

《张简斋医案》

《楚留香传奇》

陈存仁：史上最懂经济的中医

话说蛋蛋姐屡屡被提问：对提高医生诊费的事你怎么看？你支持中医简便验廉的发展模式吗？

先不说这个，我发现一个奇怪的问题：为什么别的学校高楼越建越多、占地面积越来越大，而很多中医类院校却……学校占地越来越小？甚至有种被吞并的感觉？

在社会主义初级阶段，大力发展社会生产力，提高经济效益，让经济效益再促进生产力的提高，只有这华山一条路，才能为实现共产主义的崇高目标——免费看病做好基础。

这是马克思同志的伟大教导，所以各位医生朋友，不要怕跟病人谈钱，你只要有高超的技术，我"四手"支持你提高诊费，你若是太穷了，最后连开诊所的租金都出不起，你的价值到时候就消失了呀！

你如果能创业开个连锁诊所，还能解决大学生就业问题，这才是"人间正道"，中医学生的父母都要感激你。

说到中医该怎么赚钱，我必须要搬出一位大神——陈存仁。让这位大神亲自告诉你：我是怎么由一个穷鬼变成腰缠万贯的老中医，进而利用这些钱为中医界做出千古不灭的贡献的。

1908年，陈存仁出生在上海。6岁之前，他家中经济绝对算好的，爸爸、哥哥开绸缎局，批发倒腾时髦的旗袍，十里洋场的美女身上一半儿的旗袍都是出自他家，堪称富贵小公子啊！

可后来，不知什么原因，公司倒闭了，绸缎局里所有固定资产都被抵债，家道破落。

更要命的是，他父亲愁病交加，很快驾鹤西归，临终遗言：做生意的，你再有钱保不准哪天赔光腚，还是学医吧，有个技术，造福人民，这个才能长久啊。

小存仁热泪长流，握着父亲的手使劲点头。

父亲走后，家里一切重担全压在了母亲身上。这时陈存仁家中，上边哥哥姐姐还未成年，下边两个妹妹和一个弟弟年龄更小。

天哪，六个孩子要养活，可家中毫无经济来源。母亲心里一阵一阵发慌，发愁，眼前是无边的黑暗，根本找不到哪怕一丝丝的光亮。

可是，就在这种极端艰难困苦中，一个中医界最强母亲诞生了。别人劝她：你们可以搬到乡下居住，那样会省钱的。可他的母亲却说：回到乡下，我这些孩子们就没机会读书了，再穷不能穷孩子，再苦不能苦教育，拼啦，哪怕卖血割肉，我也要把这六个孩子养大成人。从此做裁缝、洗衣服，各种活只要能赚钱，那就做！

油灯熏坏了她的眼睛，时光染白了她的秀发，一位大家闺秀，居然被生活折磨得那般憔悴。

每每看到这一段，蛋蛋姐都会涕泗长流，感叹这位母亲太伟大了！

陈存仁幼小时期一直沉默寡言，穷人家的孩子都这样，他的心里也在忍受着自卑，只有拼命学习才能对得起苦命的母亲啊。

于是他连续跳级，别人小学6年，他就上了2年。天哪，他总是在赶时间，别人初中上4年，他还是上2年，才13岁就中学毕业。去上大学，临走时中学校长还觉得这孩子连上大学的时间都是会打5折啊。

根据父亲遗愿，13岁的小存仁考取了南洋医科大学，钱全是借来的。开始的专业是学习西医，结果就在大二那年暑假，发生了一件让他生命转折的大事：他得病了。

高热4周不退，学校让他静卧吃葡萄糖和维生素C，热度却始终不降，都快被烧傻了。最后四伯父看不下去了，觉得这个治法孩子一定会挂，于是帮他找到了上海名中医丁甘仁。

老丁出马，3剂药病退身安，啥也别说了，精明有主见的小存仁立马办了退学，转学到了丁甘仁的上海中医专门学校，开始学习中医之路。

好，正在学中医的小伙伴，请拿出笔记本开始做笔记了，请看看人家小陈是怎么为自己的将来铺路的。

在学校里，学专业知识相当重要，可结交高人也非常重要，遇到一个贵人可能会决定你的一生。

陈存仁在学校听谢利恒、丁仲英讲课，由于成绩好，他干脆拜师了，侍诊师旁，不但记录病案，端茶、倒水、点烟，样样勤奋。

透露一点，他的一位师父爱抽烟，他就练习卷烟，最后他的卷烟技术一流：黄、长、松，已经达到了专业级别，在所有跟诊的学生里卷得最好。

老师一抽，天哪，你就留在这里给我卷烟！活脱脱一个杜月笙削梨的故事呀。

由于缺钱，他必须得去找零活赚生活费，他打开"兼职网站"，看到好多兼职信息，心中盘算干点什么好。

当时《申报》主笔姚公鹤发招聘广告，想找位做油印、誊写的学生。

陈存仁一想，这可是绝佳的机会啊，当时《申报》是中国第一大报，规模相当于现在的《南方都市报》加《北京青年报》。而姚先生又是响当当的文化圈大V，粉丝200万+。

陈存仁立马过去报名，并应聘成功。节假日里，他每天都会誊写到深夜，临走还要对姚公鹤鞠躬。姚公鹤对这位学生印象太深刻了，给他每个月的薪水都会涨2元大洋。

有一天姚公鹤对他说：小伙计呀，以后毕业了跟我干吧，我教你写文章！

陈存仁一笑，说：我是学中医的，以后还是坚定走中医这条路。

姚公鹤一听，笑道：这不冲突呀！中医也要写文章的嘛，等你毕业了，我教你办报纸，中医的报纸！

小存仁一听，赶紧拜师姚公鹤，从此姚公鹤免费教他文学。

在做兼职时，小存仁不但认识了姚公鹤，还在姚老师家中认识了一批名流，譬如清史专家孟森，还有陈布雷、叶楚伧。当然，还有最重要的一位——章太炎，大师中的大师，战斗机中的F-22。

最后连章太炎也收他当学生，手把手教他写文章如何搜集资料，如何这个，如何那个。大师一指点，绝对胜读十年书，脑袋中那些死板的知识立马盘活了。

做兼职能做到这个份上，除了走运还是走运啊。得，前提是要有本事，还要会来事。否则，姚公鹤家那么多端茶倒水的，怎么就陈存仁一人成名了呢？

你以为小存仁就此满足了？错了，他精明一算：嗯，我生命中还是缺少贵人，怎么办？找！

最后他找到了丁福保，丁福保那时可是上海的大名人，有诸多名头：佛学大师、国学大师、中西医结合第一人、医学史专家。

妥妥的，陈存仁又到了丁福保那里做兼职，帮丁福保编辑了两本书：《古钱大辞典》《说文解字诂林》。

为什么要说这两本书？这都是辞典性质的，丁福保先生写书都是写辞典，少于三千页的都不屑写。陈存仁在他那里开眼了，学会了编辑辞典的技巧，这对他以后编纂皇皇巨著《中国药学大辞典》打下了坚实的基础。另外，从那本《古钱大辞典》中，陈存仁还学会了做生意，这个稍后再说。

他小小年纪已经结识了太多太多社会牛人了，够了吗？他在心里自问。

NO，还差一个。我要集齐七颗龙珠，才能召唤神龙，第七颗在哪里？

他再次打开"兼职网站"，发现《申报》的副刊——《常识》需要医学类文章，稿费：500元/篇。

这就是机会呀！

他开始写稿投递，结果接连写了20篇，却无一被采纳。这怎么回事？主编怎么不理我？是不是我写得太水了？

不会的，他对自己的文章很有信心。那就坚持不懈，锲而不舍！他一晚上又写了10篇，每天一篇继续投递。

终于在第30天，《申报》副刊总编沈思孚@他了，说：小伙计，你的文章很棒，之前没发你的文章，就是试探试探你到底能写多少，现在我充分相信你，每个月跟你约8篇中医稿子，钱不会亏待你，加油哦！

沈思孚，文化圈的微博大V，百万粉丝级别的那种。

从此，陈存仁凭借写稿，钱就像小溪水，哗啦啦地流进口袋里。

有钱的感觉真的很轻松、惬意。他给妈妈和兄弟姐妹每人邮寄了5000块钱，终于轻松地舒出一口气。

生命是什么？就是一个又一个的惊喜将你从梦中吵醒！

19岁，大学毕业了，该谈恋爱了。他钱包有些钱，去个西餐店、火锅店都绰绰有余。

那年，他在上海结识了一个18岁的女孩，女孩清纯得如同一泓秋水，漂亮得如同王祖贤，高挑、活泼、扎马尾，眉如春山、眼似秋水，高跟鞋一穿，美腿一挺都要一米二。走在上海的南京路上，男女老幼都忍不住回头看一眼，实在是太美丽太美丽的女孩子呀，各大照相馆的橱窗里，都摆放着她放大的一寸照片做广告。

天哪，传说中的才子佳人出现了。他们开始频频约会，在海滩上、在跑马场、在上海的十里洋场，一切都和梦幻一样。

终于，女孩带着陈存仁见家长了。女孩家真富有，三层洋楼，带独立花园，独院里停着一辆跑车，价值一百多万。吃完饭，准岳母把他叫到一旁。

女方家长：存仁啊，家里有房子吗？

陈存仁：暂时还没有，伯母。

女方家长：那汽车有没有啊？

陈存仁一擦汗：也暂时还没有，伯母。

女方家长：现在靠什么赚钱呀？

陈存仁：给《申报》供稿，还有给人看病。

女方家长：哦，那这样，我家闺女年龄还小点，谈恋爱，我怕对她学业不好，你们就先暂停交往吧。

陈存仁的喉头仿佛得了梅核气，咽不下去吐不出来，他的魂魄仿佛被抽离剥夺，他的躯体呆呆地、缓缓地从沙发上站起，走出了女孩家。

在宽阔的大道上，他总是向着飞驰的汽车挡去，想一死了之。可老司机们总是及时刹住了车，骂他一句：滚远点行不行呀！

尽管他很爱那个美丽的女孩，女孩也很爱他。可是女孩最终还是坐上了别的上海小开的跑车，油门一加，尾巴喷出的蓝色火焰，烧得陈存仁脸面生疼，泥水也溅了他一身。

19岁的陈存仁此时再也抑制不住心里的悲痛，在秋风中哭得跟泪人一般。那个月，他体重骤减了8公斤。

一场春梦，带给他无限落寞。人生是什么？人生就是一个巨大无比而现实的巴掌将你从梦中打醒，没钱，连个正儿八经的恋爱都不配啊！

见到老师丁福保，老丁一下就猜出陈存仁被甩了，他以佛学大师的身份给存仁开示下面一番话（同学们，该记笔记了）：其实，一个人的生存是脱离不了钱的，不善理财一世苦。一个人读了一些书，往往对钱财看得很轻，认为是阿堵物，提到钱就俗了，这是不对的。所以，文人往往不知理财为何事，一生潦倒，所谓"百无一用是书生"。

陈存仁听得泪水直流，他心中太痛苦了，难道现在的女孩们都这么俗？难道书生真的这么没用？

陈存仁将眼泪鼻涕吞进肚中，他继续请教老师：我该怎么办？

丁福保再次以佛学大师的身份点拨（笔动起来）：

1.选中一个行业，要专心致志地做，绝对不能改行，只要努力，行行可以出状元！

2.一个人不可以懒，一懒百事休。勤到别人不能比拟的程度，必然会出人头地。

3.对于钱财一定要追求不息，但是不正当的钱，一分也不能要，要了总有一天会让你加倍奉还，甚至为此而死。

4.赚到钱以后，一定要懂得"节"，用积攒下来的钱，筹备更大的计划，因为"由钱生钱"更为容易。

5.赚钱不易，管钱更难，要懂得理财。理财两个诀窍：一，用到最恰当的地方；二，让它不断增值。

看看，什么叫作高人？高人就是一句话将人打醒，陈存仁由此谨记两条：一，赚钱；二，赚钱。

但钱到底该怎么赚？从哪里开始？他综合考虑了自己的本事，现在除了写文章，别的他也不会呀，尽管是学中医的，但毕业才一年，看病还不是很擅长，要干就得找自己长处，那就干脆办报纸吧，姚公鹤老师当年不是要我办报？找他去！

那年陈存仁才20岁，在众位高手老师的提携下，他跑工商注册了一份《康健报》，这是一份健康类的报纸，他担任主编和发行人。

一开始他想自己撰稿，丁福保骂了他一句：存仁，你是不是傻？你再厉害，一身铁能打几根钉？这可是办报纸啊，写死你，你能写几篇？找人写啊，找名中医写！

不得不承认，高手就是高手，这一找，就彻底大发了。秦伯未、丁仲英、恽铁樵、谢利恒、俞鸿宾等，上海名老中医全都向他投稿，甚至武侠小说名家向恺然也向他投稿。

找到作者，还存在一个很大的问题，那就是怎么解决印刷的事，没机器干什么活？

厉害人物毕竟厉害。丁福保再次支招，让他跑遍上海各大药厂，说我要办报纸，谁谁谁是我作者，现在就缺启动资金，我来找你们经理拉广告。药厂总经理一看，呵，既然上海名中医合办刊物，将来必然会招来读者，到时肯定有利润，投钱！

没几天工夫，陈存仁招了8份广告，小型印刷机瞬间就位。

知道什么是贵人了吧？贵人就是经验比你丰富，还一心帮着你的诸葛亮！

当时上海人民比较有钱，市民认同并欢迎医药卫生常识报刊出版，再加上这么多厉害人物助阵，在《申报》上一打广告，第一期发行量就高达1.4万份。天哪，财富像决口的水一样流进了这个年轻人的口袋。

1.4万份，你觉得多不多？当年金庸在香港办《明报》，做了两年才到达这个订阅数，陈存仁一下子就达到了，真的是天才呀！

嗯哼！第一桶金居然就这么到手了，接下来，他用这些钱租了一个诊所，地点就在今天上海的山东路。

一开始诊务不多，才三五个病人。他努力看书，诊务依然不多，后来才意识到，别人觉得他年龄太小不信任他。

他灵机一动，买了一顶瓜皮帽，穿了长袍马褂、戴金表、戴眼镜、留胡子，乍一看跟四十岁的大叔一样。

从此，靠着给工人、司机这些低阶层群体看病，他慢慢接触到了企业老板、总经理。由于治病效果不错，他跟三友实业、冠生园等大集团建立合作关系，常年给他们职工看病，再加上《康健报》的宣传，这一下门庭若市，每天一百多号病人，那叫一个络绎不绝。

我曾听一位老板说过一句话：如果你不读李嘉诚怎么经营人生，你的生活完全就是瞎干！可能有点道理。

一个一文不名的穷小子就这么开始上道了，接下来，继续投资。

丁福保热心地为陈存仁寻找投资机会。在上海静安寺愚园路西段有一片空地，丁福保让他花5200块大洋把这块空地买下来。

陈存仁听说买空地，还没整明白，说：老师，我没钱盖房子啊，五千多大洋买一块空地干什么用啊？

丁福保老谋深算道：买地皮是作为置业，不一定非要动工兴建房屋，搁置几年再讲，必然会涨价的。

三年后，你们知道那块地皮涨了多少？三万大洋。陈存仁一看银行卡，存款已经到了七位数。天哪，原来钱是这么赚的呀。

凡是能正当赚钱的道，陈存仁一概不拒，丁福保告诉他：我现在又有大动作了，想不想跟我干？

陈存仁使劲点头，丁福保告诉他：前几年咱不是编纂了一本《古钱大辞典》吗，我在这一行名气不小，现在很多人找我买古钱，我觉得这是一个商机。

陈存仁说道：你就告诉我该怎么办吧。

丁福保喝了一口茶，道：你去五马路古玩市场，把那里小摊上所有的铜钱都收购来，我准备低买高卖。

陈存仁说道：这个没问题。但我怕认不清楚古钱，您自己去也一样啊？而且认得准！

丁福保一笑，道：我去？在古玩界人人都认识我，我去了他们肯定要高价，你一个毛头小子，就傻傻地买就是了，没人会拿你当回事的。

因为当时的铜钱很便宜，陈存仁发大招了，论斤称量，一下收购了几百斤，后来还去四川、北平、西安继续收购，最后买了满满一屋子，堆得跟小山似的，全部交给了丁福保。什么秦代的、汉代的、王莽的、五铢的、开元的、康熙的，足足一千多斤，有几十万个。

俩人彻夜按照年代排列，对于稀缺的就以翻砂法复制做旧，说明是示范性质的复制品补充其中，之后将古钱用丝线缝在紫红丝绒底板上，下面附上铜钱简介，每一盒共24张红绒底板，再盛放在紫檀木锦盒中，定价：240块银元/套，配合《古钱大辞典》一起卖。

陈存仁和古玩店谈好寄售条件，第一批三天就卖光了，收购价1元多1斤，卖价200多一套，利润狂翻几百倍。

但就这样还供不应求，这可都是民族瑰宝文化啊，岂是钱财能衡量的？（又吹，当然能衡量啦！）最后上涨到一千多元一套，陈存仁一看银行卡，存款达到八位数了，赚钱就跟玩似的。

丁福保这位佛学大师再次开示：存仁啊，凡是策划一件事情，先要像看病一样，看清病情之后，需要订下一个治疗方案，办事也是如此。先要有一个方案，要做百分之二百的准备工作，预备这件事情随时发生的变化，这是一切生财之道的基本方略。

从此，陈存仁真的学会赚钱了。

陈存仁书法写得不错，有一天看《朱子家训》，他就想：能不能找书法名家准备几百幅《医家座右铭》贩卖？

什么"三指回春，十全称上"，什么"心欲细而胆欲大，志欲圆而行欲方"，这不都是挺好的装饰品？

想好这个计划后，他在《中医药月刊》发广告，由书法、中医名家谢利恒执笔，狂卖一千多份，最后连秦伯未、张赞臣都加入行列。润笔费都相当高，这一下又赚了个盆满钵满。

陈存仁看着账户里每月几万元的利息，觉得赚钱是如此简单。

29岁那年，他拿出积攒多年的钱财，投入到一座大医院的建设当中。他买了地皮，请了上海最有名的建筑师设计图纸。

一座半圆形的大厦建成了，望之巍峨富丽。他请了8名医生，挂上了"国医研究所"的牌子，内、外、妇、儿、痔各科齐全。

他把老母亲接来，带着母亲走进医院大厦。他母亲此时还不知道这是他的产业，还在叮咛告诫儿子：好不容易找到一份工作，要努力踏实地给别人做工啊！

陈存仁微微一笑，说：妈，这都是咱的，你儿子我就是院长啦。

老妈一听，激动得呜呜哭泣，热泪流湿了衣襟。

陈存仁抱着妈妈笑得跟孩子一样，眼泪也充满了他的眼眶。

陈存仁第三次追问自己：人生是什么？人生就是在经历了椎心泣血的失败后，东山再起，笑傲王侯。

人一有钱就会飘，尤其是男人。丁福保的儿子就是个花花大少，家中有数不清的钱、数不清的房产，而他就只有一个目标：勾搭妹子！

上海滩十里洋场，当红的歌星舞星影星数不清。丁福保的儿子一掷十万请过来搞得胡天胡地，最喜欢干的事就是用相机拍摄女星的私密部位做成册子，然后标注姓名，名曰《性器图鉴》。完成后发给陈存仁，想请陈存仁这位医生做专业点评。

按说陈存仁这么有钱，事业成功，应该梳背头、戴墨镜、抽雪茄开玩了，可是，在人生价值观方面，他始终没有忘记，自己是个中医，自己的使命是治病救人，更高的使命是为中医做贡献。

他为此跟丁福保的儿子闹僵了，甚至义正词严地写绝交信。

多年后，著名作家秦瘦鸥（《秋海棠》作者）在回忆录里写道：

陈存仁沉着稳重，克制力很强，我则大胆好奇，喜爱热闹。另外，有几个游侣如姚克、颚森等经常和我去餐厅或上跳舞厅，甚至和别人一起闯进赌场或妓院去，竟想在堕落的"雪坡"上试试"滑翔"的滋味。陈存仁却从来不愿同行，几次之后，我们也不再邀他了。当时我们都还纯真坦率，并没有责怪他没有哥们儿的义气。后来我变得懂事了，一经追想，更不由得佩服陈存仁富于定力，不随波逐流，是一种可贵的品质，这也使他在十几年后便功成业就，在无数同道中脱颖而出。

这才是好男人，有钱却不张狂，牢牢记住自己的使命，将从未得到的那个女孩永远埋进心底，依然相信爱情，依然定得住远大的目标。

1929年，国民党出台"废止中医"的政策，一群西医借助政府权势百般污蔑中医是"旧医"，标榜自己是"新医"，要对中医除之而后快。

中医陷入千年以来最大的危机，到了生死存亡之秋。

陈存仁得到消息后，马上与《医界春秋》的主编张赞臣联系，最后通过自己发行量巨大的《康健报》，联系全国各地的医师公会，组织中医同道奋起抗争。

很快，这一号召得到全国各省各市各县的响应，凝聚成无比巨大的抗争力量。

陈存仁自己也加入请愿团中，从上海赶赴南京，寻求国民党中支持中医的元老帮忙，为中医的胜利做出难以磨灭的贡献。

1930年，商务印书馆想编写一部《中国药学大辞典》，全部稿费9600

元，预付一成。

当时没人想做这个工作，一是工作量太巨大了，二来这点预付工资根本就不够人工费，光拍照、写生、买药材标本的钱都远远不够。

陈存仁了解后，认为这是传播中医的好机会，于是踊跃报名，他大手笔一下请了12个人组成了一个团队，甚至为此还开了一家照相馆。

编写工作进展了几个月，不料商务印书馆单方面毁约，不准备印这套书了。陈存仁没有因此停下前进的脚步，靠着雄厚的资本，他找到世界书局继续商谈出版事宜。

最终，陈存仁的团队花费5年时间编写320万字，足足上万页，收录药材4260种，插图1400幅。这本书前后出版27版，是民国时期影响力最大的本草著作，规模之大，首推陈氏一家。后来日本侵华，将5000本当作战利品运回日本，足见这本书的珍贵。

陈存仁这时候已经不缺钱，他所做的无非是为中医做贡献。坚持写了5年，陈存仁病倒了，体重由59公斤骤减到44公斤，整个人瘦得脱形。

对于这部书，陈存仁说：这部书是我一生中的重大计划，一切盈亏，在所不惜。

如果没有雄厚的资金支持，是绝对无法完成这种卷帙浩繁的工作的。

看，有钱除了可以让你衣食无忧，也可以帮助你实现一件伟大的事业。

后来，是大家都熟悉的《皇汉医学丛书》，陈存仁大手一挥拿出十几万元跑日本收购古籍，并搜集了大量资料，终于编纂出这样一部鸿篇巨制。

去北京时，他拿出3150块大洋，装了好几个麻袋的中医古籍，收购古本医书一千种。

这些钱一拿出来时，书店老板都吓坏了，因为当时清华大学教授月薪

才80元，相当于教授好几年的工资，这是何等的气魄。在当时中医圈，论资产罕有匹敌，有钱，就是这么任性

有钱之后，他设立奖学金资助贫困同学，帮助他们完成学业。

陈存仁还是上海最大的慈善机构济善堂的董事。日本入侵上海时，很多孩子被逃难的父母遗弃，他拿出银行卡，一刷几百万，安置了七百多名弃婴。

到了香港后，香港中文大学创建"中药研究中心"，他觉得这是对中医发展有好处的事情，又筹集捐款1200万。

晚年陈先生移民洛杉矶，1990年去世，潇洒走完了传奇的一生。

中医大咖程门雪特别佩服陈存仁，曾撰诗云："天与斯人卫我道，师门得子亦奇珍。"

蛋蛋姐用这篇八千字的文章书写陈先生，没有写他的中医学术，只在写一件事情，那就是医生也要赚钱，越会赚钱，越能开得起大医院，中医学子找工作才越容易。

现在中医学生普遍迷茫，很大程度上是太畏缩不前导致的。别的专业混十年就可以成为社会栋梁，起码是总经理级别的，而中医人却抱残守旧，很多连自己的生活都打理不好，哪里能伸援手于他人？

而这，就是因为不善理财，头脑僵化。在这点上，愿中医同道都能学陈先生，赚钱，办诊所，解决中医学子的就业问题，造福社会。

向陈存仁先生学习！

参考资料：

《银元时代生活史》

《我的医务生涯》

承淡安：近代复兴针灸第一人

今天在讲中医之前，先让蛋蛋姐给大家说一段围棋的故事。

你们听说过围棋之圣吴清源吗？

在中华大地上，哪怕是从来没摸过围棋的朋友都知道，吴先生曾用"十番棋"接连挫败日本十位围棋大BOSS，杀得日本棋坛闻风丧胆，谈吴色变。

基本上，日本刚刚推举出一位棋坛盟主，来到吴清源面前就被秒杀到降级求败，以致日本棋坛再也无人敢和吴清源对局，干脆就不跟你吴清源玩了，宣布不允许吴清源参加日本棋院的比赛。

到了后来，日本棋院良心发现，觉得自己这样做挺无耻，不得已又允许他参加比赛。

结果吴清源又是一路"开挂"，出手全是KO打法。最后日本人彻底服了，编出吴清源是一个神的谎言，来遮掩自己技不如人的事实。

吴先生后来被公认为"昭和棋圣"，一个介于人与神之间的国手。

当然，这都是属于他个人的荣誉。如果说他对中国做了什么贡献，那就是彻底长了中国人的脸。

他凭借一己之力，将中国围棋水平提高了一大截，现在中国随便派个90后去，都可以打得日本棋坛老将跪地求饶。就是这么霸气！

现在人人都知道他很厉害，可是从吴清源时代往回追溯20年，却是中华围棋衰微的年代。

衰微到什么程度呢？

就是日本一个三流棋手，出手的瞬间就能把中国棋王打到满地找牙。

不信？

时光倒回到1912年，那时候段祺瑞还不是大总理，而是河北保定军官学堂总办。

虽然大半生戎马生涯，但他很风雅，喜欢围棋，官邸里养了几十位一流围棋好手，整天闲着没事就是对弈比拼，赢了的赏银子，一赏就是一百两，赏银能在北京买一座四合院。

真是有钱有文化的典范，比鲁迅码字赚钱容易多了！

赶巧，那个时候的保定，有许多的日本侨民。段祺瑞一天突发奇想，虽然军舰中国不如你们（甲午海战失败），可论围棋这种高端智力游戏，你们日本人应该就差得远了吧。

于是，重金悬赏日本围棋高手来挑战中国棋手。

本以为稳赢不输，可他万万没想到，广告刚一贴出去，就来了一个叫中岛比多吉的日本棋手，一出手连赢了两盘，杀得段祺瑞丢盔弃甲，大惊失色。

段祺瑞整天跟一群高手训练，围棋水平已经挺高了，见此情形随口问他：您这么厉害，应该是日本最厉害的棋手了吧？

中岛比多吉一听，道："在围棋界我只是一个业余围棋手，连职业棋手都算不上。而职业棋手从一到九段，还有九座高峰呢，你说我是天下第一，呵呵。"

段祺瑞呵呵一笑，他不信啊。因为在唐朝时，中华第一围棋高手顾师言，就曾伪装成普通棋手，挫败前来挑战的日本棋圣小林圣雄，还说自己只是小角色，比自己厉害的围棋大师还有两千多个，这一番话，让小林圣雄差点没羞愧得撞墙而死。

所以知道了前人的炫耀技巧后，段祺瑞认定中岛就是伪装的，这次一定要试探出中岛的真实水平，于是招呼府上的高手，组成一支阵容庞大的段家军，声势浩大地寻中岛复仇。

一出手，这些高手果真把中岛吓到了，倒不是因为中国棋士水平多高，而是中国人玩的这套围棋走法是日本早已摒弃的古法——座子（棋盘四周先摆放4颗棋子），一种被日本人认为严重限制了围棋繁复变化的制度，被他们的大棋圣算砂废除快两百年了！而中国人还在这里玩得不亦乐乎，中岛焉能不"震惊"！

结果很明显了，中方惨败，无一获胜。

段祺瑞很没面子，心想：你们这帮怂包，整天只知道吃，临到正事怎么都不行了呢？

没办法，他跟部下说：快去把张乐山、汪云峰这两位老前辈请来！

你们知道张、汪两位是谁吗？

就是当时北京城最骨灰级的老棋王，两位横行棋坛几十年，罕逢对手。一局棋可以下出上百银元的价值，顶普通人不吃不喝几十年的生活支出。

棋王一出手，经过一番鏖战，终于战胜了中岛比多吉，段祺瑞总算舒了一口气。

中岛从棋盘上爬起来，放话了：我早就说我不行，你一直不信，这样吧，我请一位高手来，你们跟他比试比试，能赢了算你们厉害。

段祺瑞一听，还想讹诈我？请就请！再来二十个也不怕！

于是他真出钱让中岛请了一位日本棋手，这个棋手的名字叫高部道平。高部道平一出手，瞬间KO中国张、汪两大棋王。

段祺瑞直接被这景象震呆了，他这才意识到，中岛真没骗他，日本围棋果真有厉害人物啊！

段祺瑞毕竟是军人出身，从不轻言失败，他想：北派棋王虽然输掉了，可南派还有为数不少的高手，难道你能胜得了我南方高手？我大中华藏龙卧虎，车轮战也能把你拖垮。

段祺瑞问道：你敢不敢到南方遛一遭？

高部道平听罢，呵呵一笑，只留下一句话：摆场子吧！

这句话再次震慑住段祺瑞，这小子居然不怕，好，我出钱悬赏勇士，再战！

那时擂台赛就摆在金陵（南京），这里历来被称为虎踞龙盘的地方。

浙、皖、苏、沪，南方各省派出了4位顶级高手，联袂对决高部道平。这四位高手叱咤风云，都是久惯征战的棋坛老手：有的善于攻城，有的善于防守，有的善于布局，有的善于官子。

可结果依然是：全军覆没！

中国南北两派棋王，被高部道平一人杀得片甲不留。当时的新闻报纸记载："与对子，皆大负，受两子，仍负！"

什么叫受两子仍负？围棋不好解释，拿象棋做个不夸张的比喻，就好比让你两个车，然后照样能把你玩残。

这时候，段祺瑞浑身颤抖，双目圆睁，几乎丧失神魂。

半晌后，段祺瑞问道：高部道平先生这么厉害，应该就是九段高手了吧？

高部道平身子一震：别别别，您可千万别这么说，我只是一个职业四段，我们日本的九段可以瞬间秒杀我，我在日本根本排不上号。在俺们日本，最厉害的是本因坊秀哉，他组建了一个庞大的棋社——本因坊，里面都是日本一流高手，我连跟他们对弈的机会都没有，在人家眼里我就是个傻子。

段祺瑞听了，请教道：我出钱，您能不能请一位比你还厉害的来中国？

高部道平笑道：好说。

于是高部道平请了一个六段高手——广濑平治郎。广濑平治郎来了之后，一人独自碾压中华围棋耆宿，最后打到让三子还能赢的纪录。

后来，本因坊本人还来访华，中国的围棋大师都是仰望天神一般，深深地没了自尊。

段祺瑞看罢直摇头，他彻底服了。他觉得，日本人真有智慧！起源于我大中华的东西，居然让日本反超，这让中国人的老脸往哪儿搁？

但他转念一想，既然自己不行，还得跟人家学习，师夷长技以制夷啊。于是，这才有了派吴清源前去日本学棋的事情。

后来，吴清源不负众望，独身东渡扶桑，在那里虔心跟人家请教，最终修炼出绝世武功，力挫日本大BOSS本因坊秀哉，取得职业赛第一，啪啪打脸日本棋圣，彻底让中国人扬眉吐气，站直了腰杆，挽救了中国围棋。

嗯，围棋的故事讲完了。

蛋蛋姐作为中医界段子手，写围棋其实是想引出针灸。关于针灸，是一个比围棋还要悲惨的故事。

悲惨到什么程度？

针灸在日本大行其道，满大街都是针灸馆的时候，中华大地却几乎见不到针灸的影子。

这个发源于我国东部，历史上曾经十分煊赫的技艺，到了清朝末年却一度衰落，江湖上再也找不到针灸的身影。

这期间，究竟发生了什么风波竟让针灸一落千丈？

学针灸的同学都知道1822年道光皇帝下令废止针灸，废除太医院针灸科的这段历史。

　　道光皇帝想起自己的祖先们在清军入关战争中"扬州十日""嘉定三屠"，干了数不尽的暴力事，作为一个外来入侵者，他一直臆想这些被杀之人的子孙会考进太医院，然后趁自己不留意用金针把自己刺死，那太恐怖了。

　　为了防患未然，他下了一道圣旨，内容是这样的："针刺火灸，终非奉君之所宜。"

　　翻译一下，就是：你们这帮太医，拿着一根金属针给我治病，万一来一个阴招，刺死我怎么办？这太不安全了，所以你们还是滚蛋吧，老子不用你们针灸科了！

　　就这样，流传四千余年的针灸，到了清朝道光皇帝时，失去宠幸，惨遭灭门。曾经烜赫一时的大门派，瞬间被查抄，呼啦啦似大厦倾，昏惨惨似灯将尽。

　　有人问，有这么严重吗？皇帝说不用针灸，难道就能让它绝迹？

　　是这样的，毫不夸张。如果仔细翻翻中国历史，你就会明白，皇权历来大于天。

　　皇帝不用针灸了，大臣也跟着不用；大臣不用针灸，小官僚也不用了；小官僚不用了，富商也不用了。有钱人都不用针灸了，光一帮没钱的穷老百姓，能养得活针灸医生吗？

　　可没办法，谁让这个天下是人家的呢，这正应了那句话：一句顶一万句。

　　所以后来，所有的针灸医生都被迫转行了。

　　从1822年开始，经过80多年的压迫打击，等到20世纪初的时候，针灸又遇上西医的冲击，真的濒临灭绝了。

　　所以这段时间，针灸史上找不出一个有成就的针灸师，针灸在这里出现了断层。

相对来说，围棋虽说落后，可是有不少高级俱乐部，还有政府高官支持，大把大把地往外掏银子，甚至不惜重金花钱去外面学。

而针灸呢？

方圆千里的广袤大地，如同原子弹爆炸的地方，寸草不生啊！！！

当时的情况是什么样？有记载：每见研是术者，多是贩夫走卒，不学无术，遂以人贱而贱其学，竟不屑研究之，仅凭前人一二之遗法，妄刺妄针。

这就好比当年洪七公率领的天下第一大帮——丐帮，到了清朝史火龙帮主时代，全面衰落，甚至被成昆这种角色打到瘫痪。

针灸彻底衰落了，整个社会只剩下几个王婆那样的贱人，一边给人说风情，一边给人用针灸调寒热。你能想象王婆们会振兴针灸吗？呵呵，别做梦了。

所以毫不夸张，当时的针灸比围棋悲惨多了。

好在就在此时，针灸界的"吴清源"出现了。他就是挽狂澜于既倒、扶大厦之将倾的中医针灸学巨擘——承淡安，一个让针灸中兴的大V。

你或许没听过他的名字，可在针灸界，这是一个神话般的人物，任何的针灸学者必须瞻仰的一个人。

让我们看看他的故事吧。

承淡安出生于1899年，他的祖父、父亲都是中医，擅长外科、儿科，当然还秘密传承下针灸。

但承淡安跟当时的鲁迅一样，一开始对针灸这些古代东西不感冒，甚至有点儿鄙夷，觉得它就是落后的东西啊，连经络是什么都讲不明白，难道还能称得上科学？

所以他学医之时，先是跑到上海完整地学习了西医，解剖、生理、病理弄了一大圈。

学完后，他觉得自己水平应该甩老爸一条街了吧。

可没承想，他还没来得及给别人看病呢，自己先得了一场大病，腰痛加高热，在大上海用西医西药折腾了一个月，丝毫不见效。后来撑不住了，被人用车拉回了江苏江阴老家。

他老爸见到儿子这个样子，还以为被人揍了呢，问了半天才知道儿子是腰痛。老爸二话没说，拿针灸给他扎了一次，承淡安顿时眉舒颜笑，居然不那么疼了。坚持两个星期，他彻底痊愈了。

经历这次事件，作为一个西医出身的洋学生，承淡安立马拜倒在老爸膝前，痛改前非：之前一直以为外国的月亮圆，现在才知道，最美的月亮，其实就在自己家的天井上。

从那开始，他跟随老爸开始学针灸，通读了大量的针灸医籍，什么《针灸大成》《针灸甲乙经》，他读得滚瓜烂熟，并在老爸指导下治疗了大量病患，积累了许多经验，他信心越来越足了。

最后，他独自开了一个针灸诊所，开始用针灸给人看病，很快，承淡安小有名气。

他感觉到，针灸学好，完全顶得上西医西药，而且针灸比西医西药还要廉价、高效，他自信满满。

可就跟今天的中医经常遭遇网络上的中医黑一样，承淡安也经常被一些知识分子嫌弃。那些知识分子都说，针灸是迷信啊，是心理安慰作用啊，不科学啊，等等。

年轻的承淡安一听火了，心想你懂什么，老子西医出身难道不懂科学？用得着你一个学法律的来教训老子医学？

不服归不服，可是严峻的问题摆在这里，当时的国人大都不信针灸，都认为针灸是迷信。

尤其是刚刚经历"五四"运动，讲西方科学才是潮流时髦，学中医就是逆反潮流。孙中山、郭沫若、鲁迅都坚决反对中医。

承淡安心里很委屈啊！这么好的东西，为什么会衰落到这个程度，甚至千夫所指？

前思后想，承淡安坐不住了。星夜，他在庭中桐荫下来回踱步，最后一拍树干，说：我要重新振兴针灸，让这把火熊熊燃烧下去，哪怕别人说我搞迷信，哪怕跟这些社会名人对着干，哪怕别人都对我横眉冷对，我也不会退缩！

于是他投入所有资金，跟朋友在苏州租了一个场地，自己编写讲义，开始办针灸专门学校。他希望能够培养更多的人才，只有大批的人才涌现，针灸才可能繁荣茂盛。

可刚开始，他的呼声太轻微了，学员根本没几个，咬着牙支撑了两年不到，学校垮了。

果然不出所料，在一些人的口中，承淡安真变成了一个宣扬迷信、败坏科学的落后分子。从此，他被"五四"运动的狂热小将批斗得体无完肤，"都什么年代了还复兴针灸，你咋不复兴帝制呢！"

承淡安这两年夙兴夜寐，可付出的努力并未见到太大效果，反而惹得一身闲言碎语，最后连全部身家都赔了进去。

他迟疑了：我还要继续做下去吗？如果就此打住，凭借所学的西医技术，我还可以养家糊口。针灸非我一人一家之事，我这么替它努力，值得吗？

他内心最柔软的地方，被现实深深地刺痛了，泪水突然流出。

当泪水流到嘴里的时候，他突然间抬起手，狠狠给了自己一巴掌。

当初立下的志向呢？不是不管受到多少委屈，自己都不会后退一步吗？只要觉得针灸是有意义的事情，那就继续做下去啊！难道吃了这么点苦就后退吗？难道这么快就怂了？

第二天他回到家，开始跟老爸借钱，准备再起炉灶。

得到老爸的支持后，他没有再去苏州，那是寸土寸金的地方，他负担不起那个费用。于是他选择家乡望亭，这是一个偏远的小镇，房租非常便宜。

他一边继续行医，一边编写教材招收学员，继续他的针灸教育。许多广告打出去，可反响甚微。有几个学员想学，还因为路途遥远，不能赶来江苏，最后逼得承淡安只能开设函授班。

所谓函授，就是依靠书信往来指导学生，是没有面对面教课的，只是让学生根据教材自学。这种教学有一个好处：省钱！

尽管这种方式非常落后，可渐渐地，他的这种努力得到了响应。很多外省的学员开始给他写信，虚心请教针灸问题。

最后信件如同雪花一般，每天都有几十封来到面前。他拆开阅读，仔细答复，耐心教导。就是通过这种最原始的方式，他居然还招收到了海外学员。

当他望着这封飞越关山、跨越重洋的信件来到眼前，他会不会感动到流泪？亲笔答复之余，他把自己还未出版的教材——《中国针灸学》一并送给从未谋面的弟子。

针灸的教育，就在这种艰难的环境中开始了。

这样过了两年，最后还是因为经费不足，学校停办了。

两次创业，两次失败，可承淡安还是准备第三次雄起。尽管学校没了，可他每天都要给学员回信，依然每天多达几十封。

苦心人天不负，当你有梦想的时候，一定会感动上苍。社会上，越来越多的人知道了承淡安，知道他复兴针灸的梦想，他开始得到一批人的支持。

又过了一年多，他把辛苦赚来的钱再次投入针灸教育，在无锡恢复针灸函授学校。

这时候学员多了起来，他终于可以亲眼看到自己的学生了。所以，承淡安毫不吝啬地将自己的经验以及从父亲那里请教来的经验，全部告诉学员。

为了更大程度地让学员受益，他办了一份杂志——《针灸杂志》。这是中国最早的针灸学刊物，上面满满的全是干货，两月一期，全是承淡安的心血。

就在他的针灸教育逐步走向正轨之时，前所未有的打击也终于来到了。

1933年，国民政府在汪精卫的提议下，带领着一群西医博士，出台了废止中医的法案，企图动用国家力量消灭中医。

在当时的情况下，承淡安不仅受到政府的打压、西医的欺凌，甚至就是中医内部都有一些人反对承淡安宣传针灸。

中药可以用药物成分解释机理，可经络没有解剖基础，是一种说不明道不清的理论，在当时是一种真正的玄学。

一时间，承淡安腹背受敌，四面楚歌。

可亲身实践的承淡安，从无数次针灸传感现象中坚信，经络一定存在，可他苦于没办法解释给别人，所有问题的症结就在经络问题上。

当他听说日本针灸发展很兴盛时，他提出要去日本探寻针灸发展之路。除此之外，别无他途，落后就要学习，否则就只有死亡。在这点上，包括段祺瑞、吴清源等前辈，都是如此。

将生命与针灸融为一体的承淡安，决心冲破万难，挽救针灸。

于是他开始自学日语，仅仅几个月后，他就孤身东渡，来到了陌生的日本，以一位普通学生的身份，报名了东京高等针灸学院的研究科进行学习。

从1935年1月7日到5月26日，将近5个月，他完整查看了日本针灸的教学情况。

他这才意识到，日本人是用西医的理论来解释针灸，如神经纤维损伤变质，如电气交流的变化说，如交感神经的亢奋、抑制说。当时日本进行了大量科学实验，阐释针灸理论，这让他很受启发。

毕业那天，当东京高等针灸学院的院长坂本贡教授，得知承淡安中国针灸研究社社长的身份时，惊叹地赞扬他的品格，并以接待贵宾的崇高礼节，偕夫人一起与承淡安合影留念，还一起探讨经络问题。承淡安告诉坂本贡，尽管现在没有找到经络，可他深信经络的存在。他还用经络远端取穴，一针治好日本学生的牙痛，这让日本针灸校长大为敬佩。

临别时，坂本贡教授还在东京最大的饭店雅叙园为他送行，并送了他一套《十四经发挥》，这是中国早已失传的一本针灸巨著。

在日本的这段经历，让他看到针灸的生命力。在日本，有七所针灸高等学校，而针灸医院也十分繁多，是仅次于齿科、产科的第三大专科。

日本国民信奉针灸，从澡堂中可以发现，不论士农工商的身上都有瘢痕，毫无疑问是艾灸后留下的痕迹。

在日本福冈，有一家祖传艾灸店，每天可诊治多达五百名病人。小规模的艾灸店更是鳞次栉比，几乎每一条街巷都会有一两家。

这让承淡安又惊又喜，经历了明治维新废止汉医，针灸依然能这么繁荣，这证明了针灸的疗效，也让他更加相信，将来的中国针灸一定可以繁盛。

回国后，承淡安开始了大刀阔斧的针灸改革。他首先摒弃了传统的穴位标记法，而是采用真人图片，将取穴的千古难题快速解决掉。

接着在论战中，他引用神经刺激等学说解释针灸的作用机理，这让国内学者耳目一新，从而吸引了一批高等知识分子，接受针灸、尝试针灸。这无疑扩大了针灸的社会影响。

然后，承淡安从日本针灸教育的成功之处入手，聘请国内有名的中西医高手担任学校讲师，一下子将针灸教育并入到学术正轨。

后来他开了一个大招，拿出东拼西凑的两千块大洋，建了几十个针灸研究分社，甚至将针灸研究社开到了新加坡，社员很快发展到一万人。

最后，当时的江苏省政府主席陈果夫、中央国医馆馆长焦易堂、国民党元老于右任和陈立夫等，都纷纷助阵承淡安，支持针灸研究。

尽管承淡安吸收了日本针灸的长处，可他对日本废弃经络的做法，感到十分可惜。于是他召集学生，准备一起开始进行经络实验。

可惜还未来得及展开，1937年，日军轰炸机将他的校园夷为平地，教学楼和医疗院在一片浓烟中轰然倒塌。辛苦半生的无数成果，都毁弃在战火之中。

承淡安从废墟中爬出，妥善遣散教师和学生后，怕日本人请他当翻译，于是孤身一人，一叶小舟横渡长江，去成都避难。随身携带的仅仅一部针灸著作，一个针灸包。

这时的他虽然悲痛，可无暇哀啼。在前往四川避难的途中，只要有机会，他立马开设针灸培训班，培养了几百名弟子，甚至有些弟子刚刚学完，就拿着针灸上战场。

1954年，承淡安被任命为江苏省中医进修学校（现为南京中医药大学）校长。1955年，被任命为中国科学院委员、中华医学会副主席。有了这些条件，他带领弟子们，向经络这个千古难题发起冲锋。

科研的路途是艰难的，他并没有等到经络被发现的那一天。

1957年，积劳成疾，出师未捷身先死，一代复兴针灸的巨人永远沉睡了。

尽管他驾鹤西去，可在他最艰苦的日子里，却为针灸传递了火种，培养了一批针灸人才，程莘农、杨甲三、谢锡亮、邱茂良、陈应龙、谢永光、曾天治、陆仲善，光成名的嫡传弟子就有三十多位。

程莘农的体表经络研究、邱茂良用针灸治疗肺结核等传染病、谢锡亮的灸法，都在国内外引起重大反响，成果被列入国家汇编，甚至被列入国家科学技术委员会的攀登计划。

承淡安的再传弟子苏天佑，1975年将针灸发展到华盛顿，并成为美国政府批准的第一家针灸治疗所的主治医师，被称为"美国针灸之父"。

受承淡安影响的，还有中国科学院院士祝总骧，他用声波、电阻等物理分析，探测到经络循行的低电阻现象，成为经络存在的一个有力证据。

另外，还有将近一万名针灸社社员，在一线用疗效唤起民众对针灸的热情，使针灸医院遍布全国。

现在谈起针灸，国外的人都知道，这是属于中国的奇迹。而我们不应忘记，近代针灸复兴有一位大功臣，那就是承淡安。

中国中医科学院副院长王雪苔前辈说：承淡安是继扁鹊、皇甫谧、王惟一、杨继洲之后的第五位针灸发展史上的标志性人物。

是啊，当承淡安夜以继日、一心想挽救针灸的时候，当他碰到别人无数嘲笑、打击的时候，当他赔到身无分文的时候，他一定产生针灸值不值得坚持做的怀疑。可是，当他选择努力做下去，最终成就针灸的那一刻，针灸也成就了他。

人生为一大事而来，为一大事而去。在中国针灸学术界，承淡安是这样一位伟人。

我们永远怀念这位永远的针灸巨擘——承淡安。

参考资料：

医学家承淡安纪念馆《承淡安生平简介》

《承淡安与澄江针灸学派》

季德胜：叫花子中医的逆袭之路

假如你被毒蛇咬伤，情况万分紧急，困在深山又没有抗毒血清，你觉得自己一定会死吗？尤其是想到一次毒液可以毒死33头老黄牛的时候。估计很多人都要绝望了。

别怕！推荐你一种中药，它叫季德胜蛇药，专治毒蛇毒虫叮咬的。

顺便说一句，这种药中国人民解放军也在用，不仅被列为军队特需药品，而且这一用就是40多年，无论深入越南丛林大作战还是湄公河缉毒擒毒枭，有了此药护身，百毒不侵。

所以，就冲着解放军叔叔的这份信任，你还在怀疑中药不能救急？还觉得除了现代医学，传统中医都是落后的？

当年这个药方引得国民党、日本人、印度人等几方武力、财力、势力角逐，最后花落人民政府，成为绝密的制作工艺，要求生产厂家不参观、不介绍、不泄露。保密级别：绝密。

而此药的发明人——季德胜，早年却是一个叫花子医生。

从出生到50多岁，季德胜居然一直流浪江湖，忍受了数不尽的人间苦难，而他始终保护好这个秘方，为此甚至被日本人追杀，入过深山老林，甚至跳过海。

时间回到1898年，清光绪二十四年，季德胜出生在江苏宿迁一座破庙里。他的父亲是一个耍蛇、卖蛇药的游医，穷得叮当响。可再穷也得吃饭，所以他父亲入深山采药、制药，然后到街头巷尾耍蛇、卖药，这成了他们赖以为生的唯一手段。

如果蛋蛋姐没记错，胡希恕老中医也是1898年出生，可季德胜的家庭远没胡老家富裕，所以当胡老在北京高校享受着青春和知识时，天知道季德胜正在经历什么。

在季德胜9岁那年，母亲在贫病交加中去世，随后一个弟弟也生病去世，原本贫穷的4口人，只剩下了他们父子俩相依为命，在土地庙中艰难度日。

不料一场大水袭来，连这个仅有的立足之地也被淹没，没了遮身之处，父子俩开始了流浪生涯。

那时，在南通街道上，过往的人们经常看到一个场景：一个大叔用大毒蛇往自己身上咬，一个小孩子用小毒蛇往自己身上咬，以此来验证自己蛇药的货真价实。

他们用自我摧残式的表演，来获取别人的同情，进而换取一口饭吃。如果小燕子和紫薇见到他们，估计会发出浩叹：他们俩比我们混得还悲惨啊。

想要吃饭，就得表演，不断地让毒蛇咬自己，所以小季德胜的手臂上，密密麻麻全是毒蛇留下的印痕。

他发过怒：凭什么我要这样过活！凭什么我生来这般穷困！愤怒让他把毒蛇狠狠扔到地上，可他一想，扔了这一条还得再捉一条，这可是吃饭的家伙啊，又不由得含泪捡起来，小心抚摸。

时间一晃而过，26岁那年，他身边仅有的一个亲人——他的父亲季明扬也撒手西去。现在，整个世界只剩下他自己。

没学历、没女朋友，孑然一身，心里的苦痛再也没人过问，身上的冷暖再也无人关心，看着墙角中瑟瑟发抖的一条狗，他忍不住发出呵呵狂笑。

他把蛇篓抱在怀里，那是父亲留给他的遗产，一个秘方、一个蛇篓。

"蛇兄，现在只有你陪伴着我了，我们都不要死，万一哪天我卖药发达了，就盖一座工厂，买一辆奔驰，带你遨游。"混得低到无法再低的青年季德胜如此安慰自己。

又是一个白天，他叫醒竹篓里的毒蛇，开始了一天的工作。

之前，还有老父亲的帮衬，现在，全部的活都得他自己做了。

就在这时，一个衣着寒碜的妇女跑来跪下，说自己的孩子被毒蛇咬了，现在已经昏迷，季德胜提起药匣子，二话不说跟着她一路飞奔到家里。

篱笆墙外，围观的邻居越来越多，大家都想看看，这个衣衫褴褛的叫花子到底行不行。

只见他取出药，用唾沫化开，涂在孩子的伤口处，并用温水调了一丸药给孩子灌下。

一小时后，孩子奇迹般地醒了。一家人给季德胜磕头，杀鸡炒菜款待。

孩子的父亲——一位拉黄包车的苦力，高兴地去街上买了一瓶烧刀子，回来后单膝下跪给季德胜倒上。季德胜端起酒碗一仰脖子吞下，浓酒似火，呛出一股热泪：多少年了，从来没有人这么看得起他。

喝完酒，黄包车夫拿出一包毛票子和一只老母鸡让他收下，可季德胜分文不取，哈哈大笑走出篱笆院落。他知道，车夫跟自己一样，每一分钱都是血汗。

又一次，他在街边耍蛇的时候，一个管家打扮的人来请他道："季花子，我家老爷被蛇咬了，让你过去看一下。"

季德胜嘴角一笑，伸出两根指头，说："两包洋纱。"（当时纸币贬值，纺织业兴盛的南通用洋纱来作为交换媒介，一包洋纱可换150斤大米。）

管家一听，觉得太贵了，就回去了，临走还骂他道："一个叫花子还敢大开口，你有本事就在这里喝西北风。"

不料，没多久后，管家就在前引路，后面一顶轿子跟着来到季德胜跟前，原来被咬伤的老爷亲自来求药了。

季德胜一笑，伸出三根手指，管家乖乖支付。

季德胜只给他一粒蛇药，让他们自己涂上，说罢收拾好家伙，拿着钱来到酒馆，依旧喝酒点菜。

对一个看不到前途的年轻人来说，喝酒是他唯一轻松的时候，他内心的苦闷只有酒知道，喝完酒，自己可以和自己对话，聊解寂寞。

钱花完了，想吃饭就得采药，他孤身一人，进入深山，准备换取明天的口粮。

就在这时，他见到了一位昏迷的女子，躺在山路边的草窝里。女子脚脖子上一点鲜红，肿成一个大包。他查看伤口后，迅速判断是被毒蛇咬伤。

季德胜快速给病患涂上蛇药，那名濒死的女子就这样让季德胜救活了。从女子口中，季德胜知道她的身世和自己一样，如今也是父母均逝、孤身飘零。

两人不禁惺惺相惜，在彼此真诚的倾诉中流下滚烫的泪水。然后，他们结婚了，深山里的山洞成了他们的婚房，草间的野兽毒虫成了他们婚礼的见证者。

在山里采药时，季德胜教她辨认蛇的种类，他甚至能一眼瞧出蛇的雌雄、有没有怀孕，是进洞蛇还是出洞蛇。他说，怀孕蛇毒性大，未怀孕的毒性小，出洞蛇毒性大，入洞蛇因为已有分泌，毒性就小。他甚至知道，惊蛰时毒蛇的毒性大，冬至时蛇的毒性小。

这一系列言论都精确描述出了毒蛇的习性，这是季德胜长年累月与蛇为伴所亲身体验到的。

正是对毒蛇的这份熟知，让季德胜在江苏一带的名声越来越大，这事最后惊动了日本军方，一名叫作黑木三郎的日本军医多方探寻找上了他。

关于此事，一位当时亲身经历此事的作家在文章中有过详细记载：

1945年清明节前一天，我在石家祠堂门口帮助季德胜照料药摊。也许是天气阴冷的原因，过往行人不多，生意清淡。季德胜拢着长袖打瞌睡时，来了个头戴礼帽、身穿府绸长袍的歪脖子。此人对季德胜抱拳一拱说："久闻大名，今天能在如皋街头见到，十分不容易。"

接着，歪脖子说要找个地方和季德胜聊件大事，现在就收摊，至于蛇药，他一个人全包了买下。

季德胜尽管急等钱用，忽然间却疑惑起来，问对方是什么人，包下蛇药干什么用？

歪脖子怔了怔说，他是从沈阳来的药商，近来因春雨绵绵，毒蛇太多，被咬伤的病人急需有特效的蛇药。

季德胜心直嘴快，说非蛇医的外行投药不准，是要出人命的，何况他的药毒性强，内力大，成分也复杂。

歪脖子趁机说，他虽是外行，但早就听说季氏蛇药能治百毒，以至药到病除。说来说去，歪脖子亮了底，他想用重金来购买秘方。

歪脖子以为季德胜不相信，当即打开带来的小皮箱，露出一扎扎纸钞和银元。

歪脖子咧开嘴里的金牙，嘿嘿笑道："人为财死，鸟为食亡。说穿了，你们抓蛇卖药，还不是为的这些！"

季德胜从未见过这么大气的阔佬，便虚晃一枪说："你不实话实讲，就一切免谈了。"

歪脖子锁上皮箱，见四周无人，才吐露了自己的真实身份。原来，他叫黑木三郎，是日本军医。

这个黑木满以为有钱能使鬼推磨，便道出了实话：一来日本本土蝮蛇相当多，二来部队攻入中国后，东三省的"七寸子"也十分可怕，所以甘愿以高价购买季氏蛇药的秘方。

季德胜一听，将衣袋里的酒瓶套在嘴上，一仰脖，咕咚咕咚喝了个瓶底朝天，然后"咣当"一声，将酒瓶摔得粉碎。他板着脸冷冷地说："我姓季的讲义气，更有骨气，再是缺钱用，也不能丢祖宗的脸。出卖秘方，便是出卖良心！出卖祖宗！"

黑木的脸色一阵青一阵白，他又提出另加犒赏。季德胜恼火了，大声吼道："老子说一不二，否则还称什么蛇林好汉！"

他见黑木还在拉扯自己的衣衫，气怒交集，将面前的那只皮箱"咚"地一下踢得有丈把远。

黑木露出狰狞面目，两眼闪着凶光，手伸到裤袋里就要掏手枪。

季德胜从竹篓子里抓出一条眼镜蛇，狠狠回敬道："你以为中国的蛇花子好欺侮吗？你敢下毒手，咱们就拼个你死我活！"

只见那眼镜蛇喷着毒气，呼哧呼哧地窜向黑木。黑木嚎叫一声，提着皮箱，头也不回地逃之夭夭了。

事后，老表叔赶到祠堂，劝说季德胜赶快离开如城，因为黑木肯定不会善罢甘休。

季德胜余气未消，依然愤愤地骂道："老子非得把点颜色给小鬼子看看。我反正上了年纪，半个身子下了土，但是脊梁骨是硬的，人格是响当当的！"

果然不出所料，季德胜刚被老表叔连拖带拉悄悄送上货船，黑木便领着宪兵队来抓人。他们在石家祠堂内如临大敌，找不到季德胜，却对他丢弃的一团破被絮怕得要命，吓得要死。他们先是用刺刀乱戳乱挑，见没有毒蛇窜出，还不放心，再浇上汽油烧成灰烬。临走时，黑木咬牙切齿地骂道："蛇花子不好对付，大大的厉害！"（文章节选自徐珣《我亲眼见过的"蛇侠"季德胜》）

日本投降后，国民党没几年也退败到长江以南。南方多森林，森林里多毒蛇，很多士兵被毒蛇咬死。

所以当时的国民党派了专人，想把季德胜的蛇药秘方搞到手，为了达到目的甚至设下鸿门宴。

这下再次惹恼了季德胜，祖传的秘方哪能给了别人？他干脆一不做二不休，彻底离开了中国，去了新加坡，后来又辗转去了马来西亚。

还有一些民间传闻，说季德胜曾被印度专家请去，为他们国家元首治疗蛇毒。当时的报纸上零星还有一些传闻，说他在中国香港卖药时，曾有一个英国老板，想用他的秘方合资创办蛇药厂，但被季德胜拒绝了。

总之那个时代的季德胜，千方百计把秘方保存好，任何势力想用武力逼迫和金钱收买，那是万万做不到的。他想的是把秘方传给子孙，以后可以混碗饭吃。

时间很快到了1954年夏天，季德胜人过半百，依然穷困潦倒，住在一座荒废的土地庙里。

可就在这时，一位日后将成为中医界泰斗的人找到了他，这个人就是朱良春。

当时的朱良春也不如意，尽管他是南通中医院的院长，可职位却被一位副院长垂涎，当时又赶上反右斗争，这位副院长欺负朱良春不是党员，所以就处处给朱良春使绊，诬告朱良春是旧时代知识分子。

最后朱良春气得一拍桌子，索性离开医院下乡行医去了。

就在下乡的过程中，朱良春偶然听闻了季德胜的蛇药，便带上卫生局的局长，一行四人来到季德胜家乡，在一座荒废的土地庙找到了他。

土地庙非常狭窄，除了一尊土塑的神像外，就只剩几个香炉，一条板凳。季德胜此时还在席子上睡觉，他的妻子招呼朱良春他们，说明来意后，季德胜睡眼惺忪地醒来，开始和朱良春他们攀谈。

当时的情形，朱良春在回忆录中有过记载，现简化整理：

我（朱良春）说：我们知道你有医治蛇伤的本事，以后我们中医院去了被毒蛇咬伤的病人，能请你去诊治吗？药费全部归你。我们一分钱不拿。

季德胜说：可以可以。

从那以后，我们有了病人，就打电话给镇上卫生院，卫生院派人把季德胜拉到南通。他每次来，我都酒菜款待，自己掏腰包，跟朋友一样。后来，市长孙卜菁听说季德胜的事迹，就向我建议，是否可以给季德胜安排一个中医院的正规编制。后来这事办成了，他工资105块，县处级干部的工资。再后来，考虑到他年纪大了，又爱喝酒，我怕他万一哪天出点意外，绝世秘方也随之消失，就问他秘方组成。

季德胜说：秘方是父亲给的，按说不该给别人，但现在政府对我这么好，我就把秘方献出来。里面有黄开口、雨箭草（还有很多，处方保密）。

这些都是一些秘密叫法，我听不懂，后来他拉着我去山里找，原来黄开口就是半枝莲。其他的也是常见的中药，《本草纲目》里大都有。但光知道成分不行，还得知道药量，后来想了个办法，他平时配药就用手抓，几把这个，几把那个，后来我用中药秤逐一称量，最后又多次平均，这才制成了比较理想的蛇药，就是今天的"季德胜蛇药"。如果当时卫生局领导不重视，这一民间土秘方很可能会消失。

朱良春回忆，当季德胜被邀请去南通中医院做贵宾时，吃完饭，他高兴地从怀里掏出两条毒蛇在大庭广众之下表演，与会的几位女士都被他吓昏过去，后来市长让他收起来，他这才尽了兴。

后来周恩来总理接见他，会场需要签名，他不会写自己的名字，就用笔画了一条弯弯曲曲的竖线，看上去颇似一条小蛇，他说：这就是我。

周恩来总理对他说：季德胜同志，你的医技和蛇药是有功劳的，人民不会忘记你！

从1973年用他的药治疗病患，光有记录在案的就有1700例，成功率高达99.32%，而他的蛇药销售额迄今已经十几亿，远销东南亚、南美洲、非洲、日本，救活了数以万计的垂危病人，人们将他奉作"蛇神"。

印度民间美称他"季公蛇佛"。美国总统克林顿听说后，推崇他是"东方蛇仙"。

近年随着人们居住水平的提高，毒蛇咬伤事件越来越少，本来季德胜蛇药会随之销声匿迹，可出乎所有人意料的是，季德胜蛇药不光治疗毒蛇咬伤有奇效，对下面一些疾病也有显著效果：慢性活动性乙肝、肾病综合征、癌症疼痛、带状疱疹、复发性口疮、疥疮、细菌性痢疾、化脓性扁桃体炎、蜈蚣咬伤、蝎子蜇伤、隐翅虫皮炎、蛇串疮、静脉炎、急性痛风关节炎等，应用市场十分广阔。

看到这个骄人数据，蛋蛋姐彻底给跪了，中药的神奇又岂在青蒿一味。

当年前辈冒死传承下来的中药，如果真的不被某些人珍惜，还口口声声污蔑它，真的是无知至极！

当然，更重要的是，季德胜前辈教会我们，日子再困难，都要坚强，得挺住，你不知道命运会给你什么，说不定哪一天，叫花子也可以震惊世界。

最后告诉大家，央视早年间曾以季德胜为原型拍了一部电影，名为《蛇侠》，感兴趣的朋友不妨搜索观看。

参考资料：

《我亲眼见过的"蛇侠"季德胜》

《走进中医大家朱良春》

《季德胜》

《蛇侠》

罗有明：未上过一天学的中医骨科泰斗

在一个大谈经济的年代，随处都是创业教父，淡泊名利是不是有点异类？可是，当蛋蛋姐看到这个老中医故事的时候，还是被她的人生震撼了。

作为一个骨伤科医生，徐悲鸿曾指着自家墙上的数十幅骏马图对她说"我家的这些马，你可以随便牵几匹回家"，她笑笑不要。

齐白石、李苦禅曾给她送画，她推辞不收。

日本人曾给她20万美金和一部高级轿车，要求是仅仅在会场露个面，但她说医院还有很多人等我看病，然后拒绝出席会议。

最后邓小平对她说：如果你的医院缺人手，我看我可以去给你做会计。

这位淡泊到连邓小平都夸赞的老中医，名字叫作罗有明，如果你仔细看完她走过的104年，你才能体会到人生的终极圆满究竟是什么。

清光绪三十年（1904年），罗有明出生在河南省夏邑县罗楼村的一个贫苦家庭中，父亲最开始给她取名罗颖，然而，这个名字很快就被爷爷给废掉了，理由很简单，家里本就没有男丁，再罩上这么一个"影"字（颖影同音），家里香火非得断了。

就这样，罗有明从此成了一个没有名字的女孩，大家都称她作大妮。

尽管爷爷不喜欢这个女娃，可奶奶却对灵慧的大妮疼爱有加，还偷偷把家传的正骨术教给她。

她学得很认真，当别的孩子忙着贪玩的时候，她却跟着奶奶一丝不苟地体会正骨的诀窍。

才5岁，她就开始练习摸死人的骨头，从头到脚，几百块骨头要挨个摸过，这对一个小女孩来说，无疑是个巨大的挑战，然而不知她用什么方法一直坚持了下去。

经过十余年的学习，在15岁那年她就可以独立应诊了。哪家有掉胳膊断腿的，就请这个还没长大的小姑娘去，保准手到病除。

1922年，18岁的她同很多中国女人一样，一身嫁妆嫁人了，丈夫叫王治中，家境还算殷实。

本来一个新婚的女人，可以在丈夫家开始新的生活，然而，生活无情的打击却开始向她袭来。

那一年河南发大水，农田里的农作物全被淹死，庄稼颗粒无收，一家人陷入饥饿当中。很多人饿得眼窝凹陷、身体浮肿，躺在床上唯剩喘息之力，要想活下去，出去讨饭是唯一的出路。

可是，丈夫家中还有年迈的奶奶及身体不便的公公，必须留下一个人来照顾他们，在这生死的抉择路口，罗有明选择留下来照顾他们，至于生死，则听天由命了。

作为丈夫的王治中就这样出走了，他跟随大批流浪人员讨饭糊口，成为全家唯一一个有希望活下去的人，然而这一走就杳无音信了。

一个月，两个月……冬天到了。

罗有明依靠采摘树上的干叶子和切碎的树皮，居然带着公公和奶奶顽强地活了下来。春天种上新的种子，她开始期盼着丈夫回家团聚。

可一年过去了，她丝毫打听不到丈夫的消息。

日夜企盼终是梦，她不得不逼迫自己接受这个现实，或许，丈夫已经饿死在某处不知名的地方了吧。剩下的路，以后只能自己走了。

可不管怎样，就算自己一个人，也要带着公公和奶奶活下去，这是她生而为人的责任。就这样，她一直侍奉长辈，操持家务。为了赚钱养家还得去给人洗衣服，种种辛苦一肩承担。如果有骨伤的人来找她，她也不忘自己所学，尽心医治。

可是，雪上加霜的打击再度袭来，公公和奶奶以为自己儿子已死，又没有孙子孙女继承香火，渐觉生无可恋，于是偷偷染上抽大烟的恶习，家里所有值钱的东西被卖了个精光。

做媳妇的看着二老这样不珍惜生活，彻底伤痛了心，除了以泪洗面，她已经看不到任何光明了，于是年轻的她一时想不开，选择了轻生，想以此结束自己的生命。

然而，似乎上天故意不想让她死掉，就在她跳河时有人救上了她。

既然死不成，那只能咬着牙坚强熬下去，于是，这一熬就是24年。

她的青丝已经半白，皱纹悄然袭上脸庞，腰也被沉重的生活慢慢压弯。命运，注定要让她生而受苦。

然而，就当她心如枯灰，想慢慢终了时，一个陌生人却寻到了她的柴门口，那人告诉她：你的丈夫王治中还活着！不但活着，而且参加了红军，现在是毛主席警卫部队的排长，现在就在延安呢！

罗有明听到这个消息的时候，内心究竟怎样迟疑或者兴奋，语言文字已经无法形容，生死的边界彻底模糊，几十年与一秒钟亦无从分辨。总之，那一刻泪水肆虐，她再也抑制不住了。

去西柏坡，她见到了丈夫。此时出现在她眼前的丈夫，已经是一位战功赫赫的排长，和毛主席、朱总司令一起翻雪山过草地走长征，是红军中资格最老的红一方面军。

她不敢相信自己的眼睛，无法相信24年的等待居然换回了这么大一个好消息，她扑在丈夫怀中号啕大哭，庆幸自己还活着，还能再见到自己的爱人。

但是，命运的磨难，并没有因为欢聚而停止。在战争年代，欢聚离别谁能说得准呢？经过24年的遥望，在终于欢聚一瞬之后，没想到又是生离死别。

1948年，在即将解放北京城的前夕，王治中在战斗中被一颗子弹击中头部，重度昏迷。

刚刚品尝了团聚滋味的罗有明又陷入巨大的恐惧当中，她再也不想失去丈夫了，盼了这么久，怎么刚到手还没热乎就没了呢？

于是，她跟随战地医院，日夜守护在丈夫身边，每天24小时，每一分、每一秒都紧密陪伴，每一个刹那她都在期盼神灵保佑，保佑丈夫能度过劫难。

终于，王治中醒过来了。

如果一个人不经历生离死别这个关口，或许永远不知道生命中最重要的究竟是什么。

解放战争时，罗有明因为会正骨，成为了战地医院的编外人员，每天从战场上抬下大量伤员，她用奶奶教她的正骨术认真施救，每天都有一二百号病人。

她的正骨技术在实践中突飞猛进，在部队中治病的名气越来越大，以致毛主席、朱德、周恩来、邓颖超都去她那里治病。

有意思的是，就连"罗有明"这个名字都是周恩来总理给她取的。

当时她给邓颖超治疗腰痛，治完后周恩来总理问她叫什么名字，她大半辈子都没有名字，早年间那个罗颖根本没用过，谁知道自己叫什么呢？别人都叫她"老王家的"。

周恩来总理听说后风趣地说：新时代了，女性也要有自己的名字，你在部队里很有名，北京城里也都知道你了，你以后就叫"罗有名"吧。

为了避嫌，她将"名"改为"明"，这就是罗有明三个字的来历。

中华人民共和国成立后，她的正骨越来越有名，北京城的市民排队找她治病，很多时候，她一掌击一脚踢，棘手的问题瞬间就解决了。

曾有一个胳膊脱臼的人回忆，当时自己胳膊疼得动不了，到了罗有明老太太那里，还没来得及说第一句话，胳膊就已经被按回原位。

对于一个百岁老人来说，漫长的生命总有太多精彩。时间到了1968年，那时"文革"正热。一天，有人把罗有明请去，辗转来到一个小院，进了屋，里间一张床，床上躺着的是康克清——朱德的夫人，床边站着朱德的女儿朱敏，母女两人眼圈通红，似乎哭过的样子。

见到罗有明来了后，康克清挣扎着想坐起来，可腰却疼得厉害，双腿也红肿得吓人，努力了几番仍起不来。罗有明赶紧上前扶住康克清，一问才知道，朱德一家遭受了冲击，她被折磨得爬不起床。

"你们都是国家的功臣，咋能瞎整呢，不行，我要去见毛主席！要是毛主席知道这些事，是不会让他们这样干的！"罗有明义愤填膺。

当家人知道罗有明想去见毛主席的时候，都纷纷阻拦。怕见不着毛主席，反惹一身大祸。

可罗有明态度十分坚决，迈着小脚坐上公交汽车，来到了毛主席的住处西山。

第一道岗拦住了她。

她拿出丈夫王治中的证件以及一大把功勋章跟卫兵说："我是老王家的，我有事跟主席汇报！"

警卫看到证件，知道她曾多次给主席看过病，急忙打电话，不一会儿，警卫说："主席请你进去。"

进到毛主席房间，她看到主席坐在沙发上，手边放着一本厚书，面色苍白，比之前见面时更苍老了。

主席指着沙发让她坐下，问她有什么事。

罗有明单刀直入，将见到的一切一股脑全说了出来。

主席这时眼睛已经有点失神，望着墙上的一幅画，他若有所思地说："这些细节，他们都没给我汇报过，你告诉我，我知道了，会管的。"

不久后，毛主席提出了"给以出路"的政策，一批又一批的老干部被解放出来，这里面就有刘少奇、朱德、陈云、邓小平、彭真、陈毅、彭德怀、贺龙、李先念等一共88人。（出自《今日科苑·百岁神医述说传奇人生·毛朱周邓领袖珍闻面世》）

如果没有罗有明这位骨科大夫的直言，这个国家的未来是什么样，恐怕无人预料得到。

在中国政坛风云诡谲的年代，这位骨伤科中医甘冒风险营救众多中央级老干部，这在中国几千年历史上堪称罕见。

1974年春，周恩来总理批示，要举办罗有明正骨培训班，让她的经验能传承下去，当时见她上下班困难，还特批了一辆轿车给她，可她坚决不要，最后将车放到了卫生部。

1983年，国家主席李先念在出国访问前腰部扭伤，请了许多专家医治无效，仍卧床走不了路。

后来，邓小平亲自接罗有明前去，从诊断到治疗，仅仅用了2分钟，罗有明让他自己站起来，李先念一开始还不敢，身边人想去扶他，被罗有明拦住：不要扶，让他自己起。

李先念一动身子，果然一点儿事都没有了，跟受伤之前一样，还说：周总理叫你罗有明，你真的名不虚传啊，一下子就治好了！

接着又问她：你的医院在哪里？

罗有明汇报说：医院不是我自己的，是国家的，在双桥。

李先念一听，觉得地处偏僻，想让卫生部给她重新批块地方，离城区近点。

罗有明说：远近没关系，就是医院太小，才三间房子，病人住不下，都住在附近村民家里了。

李先念一听，给她批了30万，建了一个罗有明正骨医院。

罗有明说：盖个大医院，我可没有管理人才啊。

邓小平在场风趣地说：如果建好医院缺会计，我看我可以去！

一群人大笑在一起。

1984年，上海轿车厂送她一部高级轿车，她拒绝了。

1985年，国家卫生部送她一辆尼桑轿车，她这次没有推辞，但她没要轿车，而是要了一辆救护车，方便接送骨伤病人。

日本有位国宝级骨科专家井上修，他内心最崇拜罗有明奶奶。20世纪80年代末，井上修曾想出价20万美元让她做顾问，并送一辆高级轿车，但她还是拒绝了，她说：每天有几百号病人等着她，她实在离不开身。

1998年，94岁的罗有明老人将家里祖传三百余年的续断接骨金圣丹献出，交由社会研发，成为奥运会众多运动员的首选疗伤药。

2008年，罗老太太睡梦中辞世，无疾而终，享年104岁。

九十年行医生涯，她一辈子救治过上百万人，别的不说，光手把手培训过的弟子就有四千余人。有人说，罗有明老人这一辈子，创造了医疗界的世界吉尼斯纪录。

如果按照贡献决定价值，她这一辈子身价何止一两个亿，但是老人家住在12平方米的小屋里，从没有因为自己丈夫是老红军或者自己是骨伤科泰斗级人物而提出过任何特殊要求，一辈子平平淡淡，真正达到了无欲则刚的境界。

"一个人活在世上，没有一点风险，不遭遇一点困难是不可能的，但没有过不去的事，遇着难处的时候，想着往前走，就好了。"

每当看到罗奶奶这一句话，看到她一脸慈祥的笑容，想到她的波澜一生，内心思虑可以立马平静下来，或许，这就是岁月沉积的智慧吧。

参考资料：

《罗有明正骨传奇》

《百岁神医述说传奇人生·毛朱周邓领袖珍闻面世》

《双桥老太太，一位走过100年风雨的老人真情告白》

裘笑梅：送子观音

在西医外科学领域，有一位传奇式的人物——裘法祖，我相信很多医学生都听过他的威名。

同济医学院老院长、外科专家吴在德曾评价说：裘老的手术操作和手术风格，对国内普通外科产生巨大影响，被公认为中国外科界的一把宝刀。他操作稳、准、快、细，在不少疑难复杂及再次手术中独具绝招。他被称为外科全才，在腹部外科、神经外科、泌尿外科、骨科等领域均有很深的造诣。其手术之精准，被誉为"要划破两张纸，下面的第三张一定完好"。

有趣的是，裘法祖院士还有一位姐姐，学的是中医，而且在中医妇科学界闯出了一番事业，她便是人称送子观音的妇科圣手——裘笑梅。

姐姐学中医，弟弟学西医，在当今这个中西医充满矛盾的时刻，这姐弟俩又是如何评价对方的学术呢？

2006年5月15日，裘法祖院士为缅怀姐姐裘笑梅，曾写了一篇赞语："从医半世纪，桃李满杏林。发扬中医学，造福千万人。"短短二十个字，表达了裘法祖院士对姐姐的医术和人品的赞扬。

裘笑梅有多厉害？她行医一辈子，凭借中医药，为数万个不孕不育的家庭送去了宝宝，获得了无数家庭的交口称赞，她是一位真正的"送子观音"。

时间回到1912年1月，在一个白雪纷飞的日子，杭州一户裘姓人家喜得千金。这户人家的男主人是一位教师，精通文墨，此时他望着院子里傲然独放的寒梅，触景生情，说道：人人都说蜡梅苦，我偏要让我的女儿叫笑梅，让她以后笑对人生。这个刚出生的女孩就是裘笑梅。

出身于书香门第的裘笑梅自幼受到父亲的熏陶，喜爱读书，18岁时以优异的成绩从州弘道女子中学毕业，正准备考大学，可没想到的是，她患上了流鼻血不止的病症，经常没有缘由地流鼻血，一流就是老半天。本来就体弱多病的裘笑梅身体因此更加虚弱了，整日无精打采。

无奈之下，她只好放弃高考回家养病。

裘笑梅的父亲认识一位医术高超的僧医——智果寺的清华师傅，两人交情不错，于是便把清华师傅请来给裘笑梅治病。几服药下去，裘笑梅的病彻底好了，不仅有气无力的症状有所改变，面色也红润了很多，整个人看起来跟之前也不一样了。

裘笑梅彻底被清华师傅的医术征服了。她不曾想到，只简单的几味中药就把她的顽疾给治好了，世界上竟然有如此神奇的学问，如果自己也学会了那有多好呀。

等到父亲下班回家，她就迫不及待地告诉父亲，自己想学习中医，并且把中医当成一辈子的职业，治病救人。

父亲听了女儿的宏愿表示非常赞同，心想我这个女儿果然有巾帼不让须眉之势，便带她到了杭州智果寺拜访清华师傅。想让清华师傅收下她当徒弟。

清华师傅也是一个怪脾气的人，没说收，也没说不收，只是扔下四本医书就走了。

裘笑梅的父亲看见此状，还以为清华师傅不愿意收徒弟，心里很不是滋味。裘笑梅却笑眯眯地捡起那四本书，小心翼翼地装进书包里，就拉着父亲下山了。

回到家后，裘笑梅便开启了学霸模式，没黑没夜地看那四本书。那四本书是什么呢？就是《医学心悟》《濒湖脉学》《药性总赋》《汤头歌诀》。在早些时候，这是每一位中医入门必看的书目。

裘笑梅走路时要看书，吃饭时要看书，就连晚上睡觉时也要搂着她的宝贝书。第一次接触医书，起初难免觉得晦涩难懂，裘笑梅便把这些内容都背来下来，不懂的地方再去查资料，慢慢地，她竟然自己摸索着把那四本书都看懂了。

三个月过去了，有一天裘笑梅正在院子里看书，一抬头竟然发现了一个熟悉的面孔，这不是清华师傅吗？！他竟然主动来到了她的家里。

清华师傅见了裘笑梅，张口便问问题，问的全是这几本书的要害关节，裘笑梅镇定自若，对答如流。

清华师傅听完点了点头，又提出再下一盘棋。刚刚松了一口气的裘笑梅此时一颗心又吊到了嗓子眼上，虽然不明白他老人家的意图，也只好见招拆招硬着头皮上了。

象棋可是她从小玩到大的，在下棋上面她还真没怕过谁呢，棋盘摆开，才落三子，裘笑梅一伸手，居然要将清华师傅的军。一直保持严肃的清华师傅却哈哈大笑起来，当即拍案决定：这个徒弟我收了！

原来清华师傅送她书，是想看看她能不能耐下性子来读书；跟她下棋，是要试试她有没有魄力，用药如用兵，用医如用将，没有这点魄力休想当医生！

寒窗三载，随师五年，裘笑梅从认药煎药到诊脉抄方，跟着师傅行医于浙江大地。在1935年，她参加了当时的卫生部考试，一级一级考过去，最终成绩排名全省第二。

她成了杭州市第一位领到中医执业证书及开业执照的女中医师，这一年她24岁。

考取中医执业证书之后，父亲为她准备了一方砚台、一张书桌、一条长凳，裘笑梅在杭州城里挂起了"裘笑梅女医师"的牌子，迈出了她岐黄生涯的第一步。

诊所刚开张时病人不多，但有一次出诊却让她一举成名。

这一天，一位绸缎庄老板来请医生，在那时，大户人家请医生是很讲究的，先要考评医生的"三风"：衣风——衣着如何，谈风——谈吐如何，笔风——毛笔字写得如何。"三风"过关他们才会放心，裘笑梅到了绸缎庄老板家，坐下奉茶，病家先不说话，冷眼看三风。

谈风，裘笑梅谈吐落落大方，病情说得准，道理辨得明。病家一听，先暗自点一记头。

笔风，裘笑梅的小楷端润秀丽，又不失大气，病家一捧起她的药方，眼睛又是一亮。

衣风，裘笑梅虽然衣着朴素，上面还有补丁，却熨烫得整整齐齐，洗得雪白，鞋子也是一尘不染。

看过"三风"之后，病家对她印象非常好，对她由衷地信任。裘笑梅也不负众望，几服药，轻松祛除顽疾。从此识人无数的绸缎庄老板成了她的铁杆粉丝，四处宣扬她的医术。全杭州的人都知道了有一位女医师叫裘笑梅。

老百姓就是这么朴素实在，他们心中评选名医，不看论文著作多少，也不看头衔有多高，就看治病疗效好不好，如果技术过硬，给人家治好了病，那就用轿子送回来，轿子上还挂着鸡和肉，如果技术不行，给人家耽误了病情，那对不起，小锄头要捶你房子了。从前名医都是这么走过来的，裘笑梅就是凭借过人的医术获得了人们的尊重，来找她看病的人也越来越多。

虽然名气越来越大，裘笑梅却始终以一颗仁心对待病人，为了病人，她肯担责任不怕风险。有一天晚上，有人抬着一副担架来求医，担架上躺着一位年轻的姑娘，只见她口吐白沫、神志不清，只剩下一点微弱的呼吸，有人就悄悄地劝裘笑梅，算了吧，这个人只有半刻钟好活，如果她死在了这里，就是你的责任了。

裘笑梅却没有犹豫推诿，先仔细询问家属发病经过，原来几个月前这个姑娘在例假时淋了雨，回家又挨了父亲一顿骂，从此便一病不起，月经从那以后再也没来过，后来情况一路恶化，到现在已经病危了。

听完家属讲述后，裘笑梅立即诊断病人为"瘀阻迷闷，肝气郁结"，马上开出桃红四物汤加失笑、花蕊石散，先服一剂，交代病人当晚煎服，明天来复诊。

接下来的一整夜，裘笑梅翻来覆去没睡着，一直在为那个姑娘担心，第二天一大早，便听到有人在敲门。"咚咚咚"，敲得人心都惊了。

裘笑梅赶紧打开门一看，还好是喜讯，心里的大石头终于落了地。那个姑娘吃完药，当夜就来月经了，人也顿时清醒了。裘笑梅挡在了阎王前，把病人从死亡线上拉了回来。

她曾在一篇文章中写过这样一句话："做一个医生，要无限忠诚于病人的健康，视人之病犹己之病。"她是真正做到了这句话。

面对病人，再脏再累她都不嫌弃，因为在她的眼里，只看得到病人的痛苦。她曾接诊一位患者，宫颈癌晚期，病人的直肠都烂穿了，大便从阴道里露出来，整个人散发着恶臭味，周围的人都对她避而远之，但是裘笑梅眉头都没皱一下就把她收下了，亲自替她配药、清洗、上药，一直持续了七八个月。令人欣喜的是，最后瘘管竟然自己修复好了，宫颈癌也慢慢治愈了。只用中草药就把宫颈癌治好，这不得不说是医学上的一个奇迹。

这样的病例，在她七十年的行医生涯里也只算是沧海一粟，更令人叹为观止的是，她一辈子用纯中医技术治愈了一万多个不孕不育的患者，为一万多个濒临绝望的家庭带来了健康的宝宝，因此被人们称为"送子观音"。

这样一位誉满全国的大医，却将荣誉看得很轻，把钱也看得很轻，如果她想追求财富，以她的名誉和地位不是不能实现，但她却从未动过这个心思，她经常对后人说："想发财就别做医生，别看到人家买进花园洋房就眼红，人家有，是他们的事情。"

就连她开发的妇乐冲剂、保灵孕宝这些药品，都是无偿贡献给药厂的，她一心只是想快点把药研制出来造福病人，有些药厂给了她几千块钱科研经费，她也全部捐给了科室，自己一分不要。

她的一生一直过着近乎贫苦的日子，平时的饭菜就是青菜豆腐，荤菜几乎很少吃，几十年来医院里几次分房，她都主动放弃，一直住在1937年建造的老房子里。

老房子里面有一个非常陡峭的楼梯，晚年腿脚不便的裘笑梅每次上下楼都要把脚跟紧挨着楼梯，时间久了脚跟裂了一个很大的口子，常年不愈，疼痛状况可想而知，但她却从未有过一丝抱怨。

她把名誉看得很轻，把钱财看得很轻，甚至把自己的生活也看得很轻，只有把病人看得最重。

2001年3月，医院派人来接病重的裘老去医院住院，车子正在门口等着，却有一位海宁的病人来求医，人们本来想把病人拒之门外，裘老却说："这么远的路跑过来，病人可怜的。"又拄着拐杖"笃笃笃"回去，坐下来给病人搭脉开方，送走病人后她才坐上去医院的车。

3个月后，病人回来复诊，裘老却已经不在了。

裘老在临终弥留之际，神志已经不大清楚了，外头有人影晃动，她就会问"是不是病人来了？"在她最后陷入昏迷时，裘老的儿子发现她的嘴唇在动，凑上前仔细一听，"当归、炒山楂、川芎……"原来她在给病人开药方呢。

2001年5月，她临终时嘱咐家人，把毕生积蓄20万元全部捐献给医院，成立"裘笑梅妇科发展基金"，鼓励后人为医学事业做出更多的贡献。裘笑梅去世后，家人遵循她的医嘱，将她毕生积蓄二十万元，全部捐给医院，并且成立了"裘笑梅中医妇科发展基金"，以鼓励杰出的青年中医妇科医师。

裘法祖院士对姐姐裘笑梅非常尊重，对她的医术也由衷地佩服。裘院士还曾说过："德不近佛者不可以为医，才不近仙者不可以为医。"大概就是以他的姐姐为参照而说的吧。

参考资料：

《我的妈妈裘笑梅》（出自《杭州日报》）

《名老中医之路·采百家之长走自己的路》

朱良春：虫药之圣

作为一个中医娃，蛋蛋姐同大多数读者朋友一样，对经方派很是崇敬。可是，当我读了一个老中医的著作，才发觉现在的经方派，比起开山老祖张仲景，还有很多武艺没学会——虫类药的应用就是一个例证。

大家都熟知，《金匮要略》中有一个鳖甲煎丸，里面就使用了很多虫类药，如鼠妇、土鳖虫、蜂窝、蛴螂、蜥蟖等。因为这个方子几乎没人会用，几乎算是荒废掉了，据说药厂因为效益不好停产了。即便是《伤寒论》中的水蛭、牛虻这些高频出现的药，现代中医敢用的也不多，都被"破血"这俩字吓坏了。所以，原本中药世界动物、植物、矿物三足鼎立，到而今，几乎少了至少三分之一的天下。

其实，这些虫类药是治疗肝脾肿大、瘀血重症的必备之药，仲景若知道弟子学成这样，估计要吐出一口老血。

可是，有一位老中医，玩起虫类药，那绝对是高手中的高手，随便一亮相，毒蛇、蜈蚣、蝎子、蟾蜍、壁虎、斑蝥便倾巢出动，一张方子生龙活虎，可谓"海陆空三军齐备"。

这位老中医就是第一届国医大师朱良春先生。他的一本《虫类药应用经验》让蛋蛋姐看得五体投地，实在想不到有人居然把小虫子钻研到这么深奥的地步。

朱老先生根据这些虫类药的用药心得，发明了一种治疗类风湿关节炎的中成药——益肾蠲痹丸，其中就有7种动物药成分。

瑞典有一位罗顿斯·强博士，全程观察这种药物的疗效后忍不住发出赞叹说："中国传统医学真了不起，这是我看到的最杰出的奇迹，他纠正了类风湿关节炎骨质破坏不能修复的错误认识。"这位罗顿斯·强博士不是一般人，而是诺贝尔医学奖和生理学奖评选委员会主席。

得过类风湿关节炎的人，几乎都被这种病折磨得死去活来。这种病不但能令手指关节畸形难看，而且会导致剧烈的疼痛，关节肿胀、僵硬、变形，致残率极高。后期还会累及心肺造成死亡，是世界卫生组织公认的世界五大顽疾之一。

作为一种自身免疫性疾病，类风湿关节炎成因复杂，如果打一个简单的比喻，它就好比全副武装的军队朝着自己的同胞展开疯狂屠戮，最后导致自身正常组织遭到破坏，滑膜受损、骨质破坏，人逐渐就残疾了。西医治疗，多用水杨酸盐以及糖皮质激素抗炎、解热、镇痛、抑制免疫，由于找不到根本病因，只能是控制、延缓病情发展。长期使用激素的副作用就不必说了，关键是它对于被破坏的骨质却无济于事，最后只能换人工关节，动辄十万起，令多少人倾家荡产。

但上述益肾蠲痹丸每盒不到三十块钱，却能让被破坏的骨质重新生长，这完全是逆天！根据1989～1994年的统计，有20万患者服用益肾蠲痹丸，5万多人痊愈，彻底摘除类风湿关节炎的帽子，95.3%患者获得显著疗效，大大减缓了病症带来的痛苦。

那么，朱良春老先生的医学之路是如何开始的？他又是如何取得这么大成就的？

故事得回到1917年。那年，朱良春出生于江苏镇江，他的爷爷因为抽大烟，31岁就撒手人寰了，没了顶梁柱，生活全是苦。

小朱良春很懂事，带着奶奶的期望拼命学习，到了上大学的年纪，本来他想报考一个商科专业学习经商，可偏偏就在拿到录取通知书的一刹，他吐血了，去医院一查，居然是肺结核。

在当时，肺结核被认为是绝症，根本没有特效药。于是，他大学也不上了，学习经商赚钱的理想也破灭了，作为一个瘦瘦的痨病鬼，只能跑回家乖乖吃中药。

巧合的是，鲁迅先生也是那一年患此病，可他不信中药。而西医那时又没法救治，只好由着疾病加深，最后就因此病去世。

而朱良春却凭借中医中药活了过来。经此大难，他决定学中医回报社会。

他爸爸拿出所有钱财，托人找关系找到了马惠卿。马惠卿是孟河四大名医马培之的孙子，马培之当年曾治好慈禧太后的病，被推为江南第一名医，所以马老师可谓是御医之后，家学渊源，在当时绝对算得上大腕。

拜师得交学费，那么学费多少钱呢？3年学徒，360块大洋，食宿自理。

这些钱在马老师眼里可能算不上多少钱，可朱良春听完，一口气差点没提上来，这真的太贵了！作为一个县里的普通人家，每一分钱都来得很艰苦，但他爹一咬牙，心想来都来了，跟买房一样，咱分期付款吧，付了120块大洋，终于算是拜师了。

结果，第二年朱良春再也付不起学费了，两年240块大洋，他心疼啊，一想这事就睡不着觉。没办法，穷孩子想学艺，就得忍受更多的痛苦。

恰好这时，苏州一个中医学校登报招生，他和一个同学一商量，最后干脆辞别了马老师去了苏州。你能想象到马老师听说他要离开时一脸惊诧的样子吗？没办法，穷！

来到苏州国医专科，朱良春发现这的确是个不错的选择，不但学费便宜，而且师资力量特别强大，在今天看来堪称明星阵容。在这所学校中，大名鼎鼎的章太炎任校长，陆渊雷、徐衡之、叶橘泉这些后来的中医巨擘任教师，学校还经常从上海请章次公、秦伯未、程门雪、陈存仁等大咖来做学术演讲，朱良春坐在前排，听着大咖们讲座，那感觉只能一个词形容——震撼。

可这种好日子也没持续多久，仅仅在苏州学了一年，日军就大举进犯中国，苏州上空经常落下炸弹，很多市民就这样被炸死了。苏州国医被迫停办，章太炎校长也病重故去。所以读了一年大学，连一个毕业证都没混出来，你说悲惨不悲惨？

学校没了，很多同学就回到家乡开诊所谋生去了。可朱良春毕竟是有大志向的，总共才学了两年，回去能干得了什么？但不回家，又能去哪里呢？关键是钱也不多了，再耗下去吃饭也是问题，他太纠结了，深感前途渺茫。

就在这时，他忽然想起了曾给他上过课的章次公老师。有一次学术讲座上，章老师提问题，大家都回答不了，但朱良春给了一个满分答案，章老师听后，对着很多人说：这孩子，我喜欢！朱良春想，何不去找章老师继续学习呢？

可章老师在上海，他在苏州，隔着几百里，但为了学习，拼了！

于是，他背起书包，一路追寻到上海。他不知道的是，当他在路上的那段时间，上海正经历着震天撼地的淞沪大会战。国军80万人，日军20万人，双方上千架飞机、几百辆坦克打得昏天暗地，巷战亮白刃，拼杀得血流成河，整个上海一片恐慌，家家闭门，户户心惊，所以当朱良春一身泥泞、灰头土脸地出现在章次公家门口时，章次公几乎是惊呆了。

章次公：小兄弟，你怎么来了？路上你可没碰见日本兵吧？

朱良春：老师，我来是想跟您学习，苏州的学校没人了。

章次公的眼角湿润了。这还有什么可说的？就冲着这孩子不要命来学习的虔诚劲头，学费一分不要，吃穿俱在我家，不把你培养成绝世高手，算我章次公无能！

章次公说这话绝非狂言，早年，他拜师章太炎学国学，水平不在钱玄同、黄侃之下，后来又跟着丁甘仁学医学，与秦伯未、程门雪齐名，后又得曹颖甫毕生经方真传。曹颖甫曾说过：得我真传者，唯次公一人耳！

毛泽东主席后来见到章次公，也曾夸赞他说：章先生乃举国不多见的名士！

所以，朱良春到他手里，好比一块璞玉到了大匠手中，一经点化，迅速成才，不到一年，章次公就让他独立应诊了。

章次公以个人名义做担保，推荐他到上海红十字医院坐诊，诊费全部归弟子。这对任何一个做师父的来说，绝对都是大恩情了。

朱良春也不负恩师之望，伤寒、副伤寒、霍乱，这些严重传染病也能轻松拿下。独立应诊七八个月后，章次公见朱良春医术成熟了，就把他叫到跟前说：你走吧孩子，该学的都学完了，老师不能陪你一辈子，去开辟自己的天地吧！

学医这些年，马惠卿老师只算教他入门，苏州国医学院算是打了个基础，而真正登堂入室、得窥中医学术的堂奥，那是章次公老师的教导啊！还有很多次，自己没钱买冬衣，是老师掏钱给他买，自己没床铺睡觉，是老师给他做的小床。老师出诊，也是第一个把他叫上，朱良春一想到此，泪水滚涌而出。章次公拍拍他的肩膀，给了他一本亲笔签名书——《道少集》，还从橱子里拿出一幅字，上面写的是：发皇古义、融会新知。良春贤弟鉴之。

这是章次公在新形势下给予徒弟后续学习的要求，他希望弟子具备一定西医知识以完善学识。章老师还给了他一枚印章，朱良春第一眼没看出写的什么，直到回到南通老家，取出印鉴，沾上印泥，才清晰地看到印章上的16个红字：儿女性情，英雄肝胆，神仙手眼，菩萨心肠。

看到这16个字，朱良春内心再次沸腾了，章次公已经把全部希望压到了朱良春一人身上，这是一份信任、一份期望，同时也是一份鞭策，这是对医生最高档次的要求。

1940年，23岁的朱良春在南通老家开业了，初出茅庐，就玩了个大的。当时南通流行登革热，西医十几天看不好病，病人头痛欲裂，皮疹隐隐，结果他用表里和解丹，两天退热三天出院，迅速聚集人气。南通霍乱（病人吐泻不止会脱水而死）流行时，找他看病的人更多，每天至少几十人，他成功做到几百例霍乱病人无一死亡。随着名气越来越大，他索性将小诊所扩张为医院，他取名为震旦医院。"震旦"二字寄托了他对中医的信心。

而且他玩了一手更有气魄的，对穷人，免费去药店抓药，初一、十五他自费跟药店结算，靠着过硬的医术和一副菩萨心肠，他很快就获得了丰厚的诊金与荣誉。

后来，甚至来了很多慕名拜师的年轻人，朱良春干脆办起南通中医专科学校，鉴于他学医时的惨痛回忆，他的学费只要两担米，几乎是免费教学。办学四年，培养合格医生18名，其中有一位后来做了台北市立中医医院副院长。

朱良春的医院不断扩大。4年后再次扩张，改名南通联合中医院，到1956年已经有很大规模，最后上交国家，成为现在的南通市中医院。他连任院长。

在这段时间里，虽然要处理行政事务，但他的医术仍在不断进步。最后他决定向一种顽疾宣战，那就是前面说的类风湿病。有时候，他一天能见到十多位类风湿病人，病人的那种痛苦令他难忘。

他开始琢磨用药，一开始单用植物药，可用了很多，效果却不大，后来他想起章次公送给他的那本《道少集》里有很多虫类药，那么虫类药治疗类风湿关节炎会不会有好的效果呢？他从书箱中翻开一看，被书里的虫类世界震撼了，尤其是章次公治疗痹证时经常用到蜈蚣、全蝎、蕲蛇、露蜂房、土鳖虫等。

痹证久病入络，普通植物药难以奏效，必须用擅长爬行的虫类药以搜风剔毒。受此启示，他开始小量运用这些虫类药，并在查阅大量古代医籍以及现代药理分析的基础上，总结了一套更为完整的记录。比如仅蜈蚣一项，他就总结了如下效用：

口眼歪斜：蜈蚣粉2克。

淋巴结核：蜈蚣油膏外敷。

癫痫、抽搐：抗惊厥药。

治疗毒蛇咬伤：粉剂2~3克。

消除乳痈（乳腺炎）：外敷拔毒。

鸡眼：蜈蚣粉涂抹，可自行脱落。

皮肤癌：注射液注射，癌肿会萎缩。

溃疡、疖肿：蜈蚣浸油涂抹消肿。

秃发：浸豆油涂抹，毛发再生。

慢性支气管炎：蜈蚣散，有效率92%。

病毒性疱疹：浸泡10克麻油调搽。

这些都有前人运用并获得显效的用法，朱良春越用越高兴，甚至他在给一位肺结核患者用药时，发现蜈蚣还具有治疗阳痿的作用。他彻底喜欢上了这些小虫子。

朱良春在家里，还用一个玻璃瓶养了一条大蜈蚣，红头黑身，火黄肚底，密集的足爪奋进怒张，足足有手指粗细，贴着瓶壁爬搔不断。他却经常打趣挑逗，似自己养的宠物一般。

是的，当你知道它的用处时，你会忽略它的恐怖而觉得它满眼可爱了。这就是用药的一重境界了。

益肾蠲痹丸里就有七种动物药：土鳖、僵蚕、蜈蚣、全蝎、蜂房、地龙、乌梢蛇。朱良春讲，动物药之所以具备显著效果，是它本身含有植物药所不具备的动物蛋白，这些虫类药在以后肯定会被现代医学发现其中蕴含的有效成分，未来的研究前景必将十分光明。

朱老的成就不只类风湿一项，肝腹水、痛风、癌症、非典，这些被西医认为同样棘手的恶病，在他手里都积累了很多成功案例。

1985年，他的学术在日本引起震动，日本东洋国际研究财团等三个团体邀请朱良春访日传授学术经验。会后，有日本人表示对脉诊的怀疑（汉方医学脉诊几乎不会），并当场找来两男两女，只靠望诊和切脉让朱良春判断病情。朱良春搭手望色，四个病号，不到三分钟，便准确说出他们各自存在的问题，彻底轰动全场。

朱良春很自信地说，世间没有不治之证，只有不知之证。他在接受央视采访时自信地说：对一般的普通疾病，中西医都能看好，但在一些大病、疑难病上，中医完全有能力取得更多突破。蛋蛋姐对朱老的霸气、底气深深折服了。

在河南讲学时，一位学员请他到山东给家人看病，病人危在旦夕，他不顾劳累，坐车5小时赶到山东，亲自为病人开药，一直看到病人转危为安，他才回家。

朱老晚年时，对章次公恩师的教导依然熟记心头。章次公逝世40周年时，朱良春也已经82岁，成为一个耄耋老人。虽然自己的学术也需要整理，甚至已经很急迫，可他把这些全部推掉，而是率先集中全部精力整理出版《章次公医案集》，完成了一个学生对恩师最好的纪念。

2015年12月14日，朱良春老先生逝世。就在前一天，他还在病房为病人看病开药，而这样一位名医，诊费不过区区15元，闻之令人敬仰。

谨以此文纪念朱良春老先生。

参考资料：

《走进中医大家——朱良春》

邓铁涛：中医界的护城之盾

古今众多的老中医里，堪称泰斗级别的非常多，可是能担当"护城干将"之称号的，在当代，非邓铁涛老先生一人莫属。

这绝非溢美之词。凡中医界的同行，但凡知道点近代史，对中医过去一百年沧桑风雨路有些基本了解的，就会知道邓老先生是如何凭一己努力，为我们这些执业的中医挡掉了无穷非难、刁难、责难、欺压，创造了一个良好的执业环境。

所以，我觉得他是中医界的护城之盾。接下来，我们一起从更细微的历史深处，看看他一生为中医所做的努力。

1916年农历十月十一，邓铁涛出生了。祖父邓耀潮给他取名：锡才。"锡"，在中国古代汉语里，通"赐"，即上天赐予的才子。

邓锡才的祖父是药行的股东，经营中药事业多年。而他的父亲邓梦觉，却比经营中药更进一步，做了中医。

在邓锡才很小的时候，便看到父亲给人治病。那时他才9岁，广州流行干霍乱，得病者腹痛如绞，想呕吐但吐不出来。父亲给病人开王孟英的蚕矢汤，只一剂药的疗程，便豁然痊愈。曾有一段时间，邓家诊所求治者盈门。

除了干霍乱，二十世纪二三十年代还流行缠喉风，现在看来是腭扁桃体肿大，症状是喉咙红肿热痛，甚至肿到不能言语、吞咽困难的地步，这在清朝、民国时期算是急性热病。

有一次，香港一个病患专程来广州就诊，邓梦觉开的是《重楼玉钥》中的金钥匙方，成分包括火硝、冰片、雄黄、硼砂等，这些药呈粉末状，父亲开完药，小邓锡才就负责用竹管给病人吹喉。

药粉吹到喉咙里，喉咙里就流出许多痰液，肿胀也慢慢缩小。仅仅两天工夫，此病告愈。

而最让邓锡才开眼的是，一个教师黄某的妻子生完孩子后，肚子剧烈疼痛，需要打吗啡止痛。当时全国西医只有1万人左右，药剂又贵，而吗啡仅能止疼两三个小时，过了这段时间又开始翻天覆地地疼痛。

不得已，黄老师找到邓梦觉，邓梦觉开了《金匮要略》中的枳实芍药散，一剂药后疼痛显著减轻，两剂药后腹痛彻底止住。

黄老师为了表达感激之情，特地制作了一个大匾额，找工人安在了邓家诊所所在的街道上方，上书：中医邓梦觉。人来人往，都瞧得见这几个烫金大字，人人都觉出这几个字的荣耀之光。

邓锡才暗暗立志：自己以后也要做父亲这样救世济人的医生。

16岁那年，邓锡才初中即将毕业。

按照家人当时的设想，一开始并不想让邓锡才学中医。因为在3年前，也就是1929年，国民政府刚刚通过了以留日西医余云岫为主导、国民政府大员汪精卫支持的《废止旧医以扫除医事卫生之障碍案》。

这个提案将中医贬作旧医，主张逐步废除中医，要求年轻的中医必须接受5年西医学习，发给执照，才能继续行医。如果没有执照，就责令停止开业。而且这个法案还规定，禁止中医办学校，禁止中医做任何形式的宣传。

尽管这个法案最后由于中医界的据理力争并没有实行，但它给中医界造成的冲击还是非常大的。

邓锡才的家人隐隐感觉到，国民政府并不支持中医，在中国这种官本位的思想统治下，政府官员的漠视基本意味着这个行业的僵死和严冬。

当时影响更坏的一件事是，前些年梁启超在协和看肾病，结果被误诊割错了一个肾脏，临死之际却对西医表现出极大的宽容。对给自己造成损害的医生表现出宽容原本是好事，可没想到梁先生最后却临门一脚，反而对根本没参加本次诊治的中医给予了一顿痛骂……

家长说完情况，让邓锡才自己决定未来的人生方向。

几天后，邓锡才告诉家人，自己报考了广东中医专门学校，他报的专业是中医，成绩马上要出来了……

邓锡才的祖父立马跑到学校榜前，看到邓锡才的名字排在全校第九名。一时又喜又忧。

喜的是自己的孙子成绩优等，成绩名列前茅。忧的是这个行业的未来充满不确定性，关于未来的就业及社会地位恐难保证。

5年学校时光倏忽而过。

1937年8月，邓锡才毕业了。

一毕业，这个行业的耻辱就开始萦绕在他的身边：就在他毕业的当年，南京国民政府饬令中医学校一律改名，"广东中医药专门学校"改为"广东中医药学社"。

学校与学社，一字之差，却是天壤之别。

学校，乃政府承认的学历，就算学历再低，可社会承认；而学社，则意味着政府不认可，不管学了几年，出去了也无人承认，层级更低下。

这就好比辛辛苦苦念了7年研究生，最后一看，却是高中学历。

一时间，关于中医的未来和自身的出路，困扰着每一个中医学子。

邓锡才望着毕业证书上"广东中医药学社"的印鉴，他攥紧了拳头，胸膺一口气促使他站起身子，收拾行囊离开宿舍，临出校园，他将毕业证书送回教务处。

年轻的他并没有找学校领导理论，因为他知道，学院的老师辛勤教学，毫无保留地奉献，他们柔弱，对抗不了强大的政府。

邓锡才以拒领毕业证书的行动，昭示了他为中医而战的决心。

经过这件事之后，受尽歧视的邓锡才把自己的名字改作"邓铁涛"。他仿佛在提醒自己，自己的内心一定要像钢铁那样坚硬，不要因为别人不认可就妄自菲薄；自己的内心要做汹涌的波涛，任凭外界环境多么糟糕，要有冲决它的意志。

越是在被人瞧不起、被别人非议的时候，越需要铁一般涌动的波涛。

从这个愿望立下的那一刻，邓铁涛就全身心地投入到中医事业当中，那时他才二十出头。

1937年7月7日，卢沟桥事变爆发。同年8月，日军飞机轰炸广州。邓铁涛与父亲从广州避祸香港。

在香港的这段时间，父亲邓梦觉托关系，在香港芝兰堂坐堂应诊。而邓铁涛却联合3个同学，创办了一所简陋的中医夜校。

他为这个夜校取了一个响亮的名字："南国新中医学院"。国民政府不是不让中医称学院吗，那就偏偏取给他看！

斗志昂扬的邓铁涛以近乎执拗的方式开创中医新天地。尽管他取名学院，可应者寥寥，平时只有几个学生去听课，最多的时候也只有7个人。

夜幕下，当喧嚣的城市开始进入梦乡的时候，邓铁涛和他的那些学生们还在昏暗的灯光下挑灯夜战。

曾有合伙人说，干脆不要办校了吧，就这么几个人，不值得。

可邓铁涛不这样认为，来学中医的都是一份珍贵的火种，怎么可以随便放弃。

就这样，尽管只有几个学生，却让邓铁涛付出了整整3年的时光，3年时间，足以从根基上培养一名好中医。

在香港的这段时间，他更加认清了国民党政权的软弱与反动。给中医使绊子，在民族大义面前只能算一件微不足道的小事，而在日军四处侵凌、国难当头的时候，国民政府却一撤再撤，这算哪门子合法政权？

于是邓铁涛参加了一个叫作"文艺通讯社"的机构，这个机构是中国共产党的外围组织，职能是宣传共产党的抗日主张。

他在学校时就博览群书，写得一手好文章，所以此时便以"邓天漫"为笔名写了很多要求抗日的时政文章。

恰恰这时，有一名叫作"谭军"的青年，受到邓铁涛文章的影响，毅然参加了共产党，加入华南地区最大的抗日武装——东江纵队。

1941年，香港沦陷，邓铁涛只得重回广州。在广州，他找到一家药材店坐诊，而未曾想，谭军找到了他，想让他做秘密交通站的地下交通员。

原来，随着广州、香港相继沦陷，广州的党组织只能被迫撤出城市，转移到偏远农村，而组织所需要的物资、情报却需要城市人员秘密收集。所以，做交通员必须冒很大风险。

邓铁涛一口答应下来。

谭军告诉他，做这个工作，很有危险性，可能被抓受审甚至致死。

邓铁涛告诉他，自己什么都不怕，死也没关系。

于是，这个年轻的文弱中医，肩上挑起了属于自己的一份民族责任。上面需要采购物资，邓铁涛便在广州购买，买到后就放到自己家里，然后等待游击队队员派人来取。

若干年后，一位老党员回忆这段时光，曾在文章中写道：

东江纵队司令部一位女同志交给我两个关系：一位是中医师邓铁涛，他在太平南路一家中药店替人看病抓药……另一位姓冯，我们将这两处作为联络点，因为看病和抓药更利于接头。

时过境迁，或许我们这些生活在和平年代的人们已经无法体会那段如火的革命时光。但一想在漆黑的夜里，在特务横行的旧社会替党办事，随时都有被黑枪瞄准的一刹，还是能感到一阵阵紧张。

一个年轻的中医能做到这点，能有不怕死的精神，这足以让我们后辈敬仰。

1949年，中华人民共和国成立。第二年，邓铁涛受到聘请，回到母校广东中医药专门学校任教。

距离离开母校已经过去了十多年，自己在中医行业摸爬滚打，而今重回母校，想起拒领毕业证的那段青葱岁月，真是不胜感慨。

原本以为中医在新政权下会有好的出路，然而，对中医的错误言论继续传来。

1950年6月，中央主管卫生工作的领导在《广东中医药专科学校教学大纲草案》上批复："无需培养新中医。"

邓铁涛一看这几个字，又是心头一震！没想到这么多年过去了，对中医的迫害却依旧继续。

十多年前，他是这所学校的学生，因为不受国家承认而饱受屈辱。现在，他是这所学校的老师，他需要负责的是成百上千的年轻学生！他们的人生职业，怎可再次受到屈辱。

回想起小时候父亲两剂药止住孕妇产后腹痛远胜吗啡的案例，回想起自己这十多年治过的危急重症，邓铁涛有充分的信心说中医是一块和氏璧，然而举国上下却无人识宝，还误作顽石，献宝的和氏还遭受砍腿砍手的悲惨命运……

可哀。

此时的邓铁涛，拿出铁的洪涛的气势，虽千万人吾往矣！

34岁的邓铁涛顶着压力，据理力争。他翻阅无数卫生文件，写了《新中国需要新中医》一文。他指出，毛泽东主席在会议上提出的"团结新老中西各部分医药卫生工作人员，组成巩固的统一战线，为开展伟大的人民卫生工作而奋斗"的指示是正确的，而当下某些卫生部门官员的做法恰恰违背了本来的卫生路线。

与华南卫生当政者顶着来，需要一种舍身忘己的气魄。文章发出去，他迫切等待着上边的回应。是福是祸，难以预料。

幸运的是，毛泽东主席后来意识到卫生部门在中医问题上的偏差并及时纠正，他高屋建瓴一锤定音："对世界上的大贡献，中医是一项。"

邓铁涛看到这样的好消息，激动得彻夜难眠。

邓铁涛深知，要想让中医绽放光彩，除了争取政府的支持外，更重要的是自身的专业深度，正所谓打铁还需自身硬。

争取了好的外部环境，接下来要做的重中之重就是中医科研。用成果说话，胜于千军万马的呐喊。

治疗阑尾炎，成为邓铁涛亲手抓的第一个课题。当时西医流行一句话：阑尾炎必须在24小时内手术切除。苏联的西医专家说得更绝：必须在12个小时内切除。

譬如余启顺翻译的《西塞尔内科学》，在311页中就明确写道：急性阑尾炎并无内科疗法。

邓铁涛对这句话十分反感，早在东汉时期，张仲景的《金匮要略》中就描述了类似急性阑尾炎的肠痈证，并施用大黄牡丹皮汤，而且历朝历代的医家都有应用成功的案例，就连十多年前的民国时期，还有应用成功的案例，怎么说阑尾炎没有内科疗法呢？

这明显是无知的一种表现，用这种理论培养起来的西医，当然不会对中医有任何好感。

大概在西医看来，在古代，中国人要是得了阑尾炎，只有死路一条，中医自然派不上用场。

邓铁涛查阅历朝历代的文献，参考民国卫生期刊，对阑尾炎做了系统梳理，进贤曹颖甫先生、西医杨海钟的近年案例也记录在案。

正赶巧，当时一位30岁的张姓男性病人得了阑尾炎，在博济医院确诊，医生说必须立即开刀，缓到下午则性命不保。张姓男子穷困潦倒，没钱住院手术。遇到邓铁涛，邓按之右腹下角发热且有球形物，右脚蹬腿即痛不可忍，按方抓药，处以大黄牡丹皮汤。

开方容易，可难的是漫长的等待，每一分每一秒都是煎熬。

大黄12克，芒硝9克开下去，病人第一晚痛没减轻。

第二天早上加到大黄15克，芒硝12克，服后下黑黄稀粪，疼痛开始减轻。

第三天第四天依照原方服用，疼痛逐步在减轻，一直到了第九天，病人安眠一夜，开始进食，直到第十五天，病人痊愈，劳动无碍。

这样的案例，邓铁涛一下子治愈5个，成功率100%。后来他在论文中总结道：

当时西医治疗阑尾炎的原则是：禁用泻剂。叶·穆·塔列耶夫的《内科学》中关于阑尾炎的治疗项内写道：采用保守疗法时，宜实行绝对安静，腹部放置冰囊，禁用灌肠、泻剂、鸦片剂，宜行绝对的饥饿疗法，仅许可一口一口地少量饮水……

而中医治疗本病，则主要是用大黄牡丹汤之类的泻剂。

因为中医的理论是：邪气与卫气相干于肠内，加之遇热，血气蕴积结聚而成。所以，治疗之法必定要使邪有出路。

邪在于肠，它唯一而又最便捷的出路就是肛门，邪有出路，热积乃散，便不成脓而病可愈。而大黄牡丹汤正是合于这一理论的良方。

邓铁涛用实际行动戳穿了当时西医的"铁律"。

为什么西医便是绝对的权威？

为什么除了西医之外的其他医疗手段全是骗子？

自己明明无知还把别人当骗子，究竟谁才是真正的骗子？骗子掌握了话语权，便把一切异己打翻在地还给人盖上屈辱的印记，这算哪门子科学？

中医治疗急性病阑尾炎，只是邓老学术生涯的开始。他以实际案例昭告世人，你可以不用中医这个方法，但不能侮辱它。

除了下法，中医脾胃学说还有更加广阔的天地，在日后的漫长岁月里，邓铁涛将主要精力放在了脾胃学说的探究中。

这些学说中，包括《黄帝内经》的脾胃架构、张仲景的脾旺不受邪论、李东垣的脾胃学说（又包括内伤脾胃说、阴火论、升发脾阳说、甘温除热）、叶天士的胃阴学说、张子和的攻下学说，等等。对应到现代西医疾病，涉及再生障碍性贫血、白细胞减少症、系统性红斑狼疮、肌肉萎缩、慢性肝炎、子宫脱垂、发热等，中医的理论为解决这些疾病提供了借鉴。

真正让邓铁涛走上学术高地的，是他的中医脾胃学说指导下的重症肌无力。

重症肌无力是一个世界性的医学难题。该病轻则眼睑闭合不能张开，重则不能抬头、不能咀嚼、运动障碍。甚至呼吸肌障碍导致呼吸困难，危及生命。

这个病以脾胃为核心，因为在中医理论中，肌肉归脾胃所主管。而同时又与其他四脏相关，比如眼球斜视涉及肝，呼吸障碍涉及肺，吞咽不下涉及肾……

1986年，邓铁涛率领课题组投入该病的研究当中。

经过5年临床实验，他们开发出强肌健力饮。这里面有健脾胃的黄芪、党参、白术、当归、陈皮、五爪龙、甘草等。并与泼尼松做了对比：

泼尼松组的总有效率为91.5%。强肌健力饮组的总有效率为95.7%。经统计学处理两者没有显著性差异，提示强肌健力饮与泼尼松一样，对重症肌无力有较好的疗效。

但是，泼尼松疗法有相当大的副作用。许贤豪等报告指出，约48%病人治疗开始时病情加重，其中86%需有人工呼吸器，33%患者呈柯兴体型，26%诱发白内障，18%体重增加，12%有糖尿病，12%有高血压。丛志强等报道，1%重症肌无力患者类固醇疗法可导致股骨头缺血性坏死。

强肌健力饮为主治疗重症肌无力，据临床观察，除个别有口干外，未见有其他副作用。

1991年，该课题通过国家中医药管理局组织的鉴定。在鉴定委员会的7名成员中，中国协和医院神经科的许贤豪、广州呼吸病研究所钟南山都是西医界著名专家，他们肯定了中医中药治疗重症肌无力的效果。

该研究获得1992年国家科技进步二等奖。

让所有人都没想到的是，87岁高龄的邓老，在2003年的"非典"中，为中医界争得了一个大机会。

这个机会，堪称中医界的触底反弹之机。

2003年，对大多数中国人来说已经记不清有哪些事，可"非典"这两个字，却深深印进人们的脑海中。

根据《中华人民共和国传染病管理法》规定，传染病必须交由传染病医院治疗。

条文很明确，其他医院无权接收传染病病人。而传染病医院中没有一家是中医院。这也就是在说，有了传染病，从法律上来看，中医是禁止参与治疗的。

不过，这条法规在广东留了一个空子——倒不是法律开恩了，而是在"非典"最初，国际相关机构还没有最终研究出"非典"究竟属于什么。

直到4月16日，日内瓦世界卫生组织才明确这是属于一种SARS病毒。

既然先期没有规定，那么非典就被当作一般疾病收入各医院。

在广东中医界，广东省中医院共收治112例SARS患者，除7例死亡外，105例治愈出院。

邓铁涛老先生认为，死亡的病例中，主要原因是最初治疗时没有采取中医方法。而后期之所以有显著效果，则是广东省中医院中医思维的介入，而这些方子是经过邓铁涛、任继学、焦树德、晁恩祥、路志正、陆广莘、颜德馨、周仲瑛等全国著名中医学家的具体指导。

邓老主导的广州中医药大学附属第一医院收治61例SARS病患全好了，零死亡、零转院、医护人员零感染。平均退热时间仅4天。

广州医学院一附院报告中西医结合治疗71例，中医采用分期分证论治。结果治愈70例（98.6%），死亡1例（1.4%），平均退热时间6天。无一例工作人员感染。

广东中医介入下的"非典"攻坚战，治疗效果良好，这点受到了世界卫生组织专家詹姆斯特博士的好评："中医药抗'非典'经验对在世界范围上升为常规治疗有非常大的帮助。"

在广州，中医战功赫赫，可是在北京，却是另一番天地。

北京在开始的那段日子里，拒绝中医参与"非典"治疗。

连当时原中国中医药管理局局长吕炳奎的中医申请都毫无效果。北京对中医的排斥，令人匪夷所思。

时间持续到4月末，北京被灰暗焦虑笼罩，人心惶惶。

这时候，远在广州的邓铁涛老先生看不下去了：中医治疗在广东效果这么好，为什么北京却拒绝采纳？这是把中医蔑视到什么程度！

上书！

反正这不是第一次上书了，早在十几年前，他就敢为中医上书中央领导，这次他直接把信上给了胡锦涛总书记。

他的信中说："您亲临广州指挥非典型肺炎之战，亲民爱民的形象永远留在广州人民和全国人民心中。中医是一个武器库，应该在非典中发挥作用。"

胡锦涛接到信后，让卫生部副部长、国家中医药管理局局长佘靖给邓老回电话，电话中转达了胡锦涛总书记的意思：谢谢您的提议，我很高兴。

5月8日，温家宝总理给国务院副总理吴仪批示中写道："抗击非典，应该充分发挥中医的作用，实行中西医结合。5月8号，温家宝。"

当天下午，吴仪就带领召开了一个北京名中医座谈会，这次座谈会彻底改变了中医不能参加传染病治疗的历史。

第二天，北京16家收治SARS病人的传染病医院中，有5家放开中医进入治疗。

三天后，这5家传染病医院证实中医治疗效果非常好。也就是在这一天，16家医院全部采用中医。

北京传染病禁止中医参加的格局，由此打破，我们不应忘记邓铁涛、吕炳奎老先生为中医的奔走呼号。

机会，是争取来的。

5月3日，香港邀请广东省中医院专家支援香港抗击非典，广东省中医院林琳、杨志敏两位女中医出色完成任务，被董建华授予金质奖章。而林琳、杨志敏在临赴香港之际，邓铁涛老先生鼓励她们，不要怕，每天晚上七点到九点我们定时通话。

2003年10月，广州举行了抗击非典的庆功大会。

然而，这次庆功会中，却没有邀请一位中医参加。至于中医在"非典"中立下的汗马功劳，被完全漠视。

中医被漠视，由来已久。

而最受漠视的，可以说是邓老那一辈人。

从踏上中医路的那会儿起，漠视就围绕身边，但他们不屈不挠，顽强抗争。哪怕一丝一毫为中医正名的机会他们都不放过，并且在"非典"中让世人重新见证中医的神奇。

中医越不受重视，他们就越要呐喊，中医界一有风吹草动，最先闻声而动的，居然是那一群耄耋之龄的老中医。

身为中医，我们要怀念邓铁涛老先生。在世人依旧非难中医的今天，我们越需要铁涛精神，内心意志当坚如铁之洪涛。

参考资料：

《邓铁涛医学文集》

《中华中医昆仑·邓铁涛》

奚九一：让美国血管外科权威都佩服的老中医

蛋蛋姐第一次听说奚九一是在下面这篇知乎话题里，话题是：中医真的有那么神奇吗？真的有非常厉害的中医医生吗？

有一位名叫"天南星"的网友写了这么一件事：

我有个同事，是从上海市中西医结合医院调过来的，这所医院前身是虹口区中心医院，它有另一个名字，叫"奚九一脉管炎医院"——奚九一，全国名老中医，现年已93岁高龄，仍然在一线工作，具体简介可以上网查。

我那同事说当时她在ICU上班，有一个重度心衰的病人，西医已经竭尽全力，什么强心、利尿、扩血管，只要是能用的都用了个遍，不，有的甚至用了几遍，那人真是肿得和注水肉一样了，只等家属签字拔管放弃了。

后来家属提出请奚老来会诊。

ICU里都是西医医生，"当时当然觉得我们西医都搞不好的病你们中医喝点草药水能治好？不过既然家属已经提出了，那就死马当活马医吧。"

后来奚老来了，他可是带着一个团队来的，排场真大！望闻问切后开了一个方子，并叮嘱家属煎煮和服药（其实是胃管注入）的注意事项，并约好三天后再来复诊。

"第一帖药打进去，我们就眼看着她小便哗哗地出来了，全身的肿就明显消退了好多，我当时真是要佩服地跪下来了。三天后奚老来复诊的

122

时候，病人已经能有力气简单回答问题了。再后来患者又治疗了一个多月竟然神奇地出院了。反正我一直到调这里来也没听到过那个病人复发的消息。

从此我对中医的态度完全颠覆了，中医不是伪科学，只是很多东西目前无法解释，而且好医生太少太难培养。"

看完之后，蛋蛋姐也被震了一个跟头，说实话，依照蛋蛋姐的这点知识，知道的唯一一个能自如进出西医院的老中医就是赵绍琴。赵老在世时被邀请去北京协和医院会诊昏迷病人，第一句话往往就是："我说你们赶紧把抗生素撤了吧！"

霸气不，这句话得有多少自信和能力才能撑得起来？

但咱们今天先不讲赵老，还是聊聊奚九一老先生。话说这位老先生牛起来，也足以让我们后生仰望到脖子发酸了。

奚九一有一项学术成果叫作"奚氏糖尿病足筋疽"，他发现糖尿病病人肌腱变性后会导致糖尿病足坏疽。大家知道，坏疽一旦抑制不住，想保命，那必须得截肢，截肢成了西医不得已的办法，仅美国每年因糖尿病足而截肢者就达3万人，而在中国这个数字更多！

奚九一了解到这个问题后，从中医的角度试验了多年，最后确定"清法"对此症有效，利用中医清法，他将以往西医高达37.5%到75%的截肢率降低到4%。

当我国西医泰斗吴阶平院士听到这个消息后，忍不住竖起大拇指称这是"创新性发现"。

而奚老受邀去美国麻省大学医学院做汇报时，美国血管外科权威惠勒博士也被震呆了，说：中医对脉管病后期坏死的治疗填补了西医的空白。

一开始，蛋蛋姐看到网络上这样写还不太敢相信。因为查不到这个惠勒博士的任何信息，蛋蛋姐对麻省大学也没有半点了解，万一写出来让反中医人士逮住把柄，可就徒惹笑话了。

就这样蛋蛋姐找了在英国留学的一位朋友，让她帮忙查了一下，这个麻省大学的惠特医生到底何方神圣。这一看就被震惊了，麻省大学全称是马萨诸塞大学，2011年泰晤士报将其列为全世界名气最大的一百所大学中第19位。而惠勒博士也不是个普通博士，而是麻省大学医学院的院长，名副其实的血管外科权威。

说到奚九一研究脉管病，还有一段渊源。当时奚九一接触的第一例脉管炎患者，是一个眼镜厂的老工人。因为患脉管炎已经被截去一条腿，可由于根本问题得不到解决，另一条腿随后也发生了坏疽。当他找到年轻的奚九一时，仅余的一条腿也发黑了。

奚九一一看，率先想到的是西医理论：脉管壁发炎形成血栓堵塞血流，引起肢体缺血而发冷发紫，最后在疼痛中坏死脱落。

所以他建议：尽早手术。

谁知老工人一听就哭了，说如果再割一条腿，那干脆不活了，不如早死。

年轻的奚九一看到苍老的工人哭得老泪纵横，不禁意识到自己太唐突了。

他大脑急剧运转，忽然想起，中药方剂中有一个四妙勇安汤是可以治疗脱疽的。

他赶紧跑到屋里翻书一查，这个方剂仅仅由4味药组成，组方可以说是非常简单了。可一看里面金银花、玄参居然需要用到90克，这个分量太大了，是平常用量的十倍多呀，他迟疑了，一时拿捏不定，为了安全起见并不敢用。

他把老工人请到屋里，然后连夜跑到黄文东老师那里请教，黄文东老师一句话：大胆地用，此方有效，而且这两味药少了不管用。

有名师撑腰，奚九一回去后立马给他配了十副，吃完十副后老工人发现腿不疼了，黑黑的皮肤颜色也改善了，一个月后，那条腿完全恢复。

这一下老工人高兴地哭了，奚九一也忍不住内心的高兴。医院听闻后，还给他发了一个继承发扬祖国医学成绩优良奖，让年轻的奚九一确立志向：这辈子要跟脉管病干上！

有了第一例成功经验，后面越来越多病人找他，他一开始的思路是血栓阻塞周围血管，所以要活血化瘀，可成败互见，有效率仅仅一半。这也就是说，还有一半的人必须截肢。

这让奚九一陷入痛苦，他看到的不是那成功的一半，而是失败的那一半。他们心里会怎么想啊：耽误我的病？让我白花钱？

奚九一迷茫地前行，直到有一年冬天，一个七级钳工病人找到他。

钳工双手患脉管病已经发黑，奚九一一开始用传统疗法，温经、活血、化瘀，可病势不但不减，反而增重了，眼看双手保不住了。

钳工对奚九一充满愤恨与失望，居然当场把药泼到地上，起身离开。

病患走了以后，奚九一如丧神守，他感到自己是如此的渺小，内心被痛苦煎熬得无以言说，流着泪在床上睡着了。

一觉醒来后，他看到病患遗忘了一顶帽子在桌上，于是晚上就送到患者家，当他推开病患家门后，发现了惊人的一幕。

那名患者在寒冬腊月，身上不但穿着单薄，而且双手裸露高举在寒风里任其凌虐，奚九一赶紧上前劝说，谁知病人竟然说：吃你的药还不如让冷风吹吹舒服呢。

奚九一在那一刻突然怔住了，他石化的脑海中灵光一闪迸出"热深厥深"这四个字，再看眼前这个病患，寒风中不但不觉得冰冷，反而吹着更为舒服，这不就是"真热假寒"吗？

是啊，许久以来，他被病势黑色的外表所迷惑，单纯地以为黑色主冷主寒主痛，就用温性药物治疗。这样治是很片面的，真正的情况是热极似水，大热若寒。

想到这里，他激动地对病患说：这病我有法子治了，请你再给我一次机会。

谁知病患嘴里发出一声无奈哂笑，然后摇了摇头，心中早已死灰。

奚九一见他不信，索性走进灶房，找出一块被烧黑的柴火棍说：你看这块木炭的颜色和你的双手是一个颜色，这是被火烧的啊，为何你喜欢被冷风吹，是因为体内有火啊。请再给我一次机会吧！治不好你，我内心也很悲痛，我也觉得自己很失败啊。

他这番话，情真意切，满是真诚。

病患被他这么一说，赶紧上前拉着奚九一走进屋里，扑通跪下说："拜托了，我想留下双手，我还有未成年的孩子。"说着泪如泉涌，从满是皱纹的眼角流下来。

奚九一点头，把老工人扶起，回去后，他将那张温性方子撕掉，立马以清法为指导思路，病患吃了后，如他意料，病情迅速好转了。

从此，奚九一信心大增，仍旧一心一意扑在脉管病上，一晃二十个春秋过去了，岁月染白了他的鬓发，而他也由一个籍籍无名的小医生变成了经验丰富的大大夫，经他之手而被保住的四肢不计其数。

可上天注定还要考验他一次，他赶上了"文革"，被冠上了"反动学术权威"的名号，妻小受到牵连，而他连看病的机会都被剥夺了，被派去打扫厕所。

有一技之长，还是会受人尊敬的，他私下里仍然接待脉管病患者，上面的领导岂不知道？

人心都是肉长的，见奚九一偷着诊病不方便，索性给他开了一张条子，让他白天扫完厕所，晚上回去光明正大地看病。

奚九一一听哈哈大笑，对一个医术高深的医生来说，还有什么比看病
更让他快乐的呢。

多少个夜里，他看完最后一例病人，接着还要翻阅医书，经常看书到
十一二点，甚至深夜一两点。政治高压他忍耐着，丝毫没耽误医疗及医术
的增长，这样一过又是十年。

20世纪80年代以来，奚老逐渐建立脉管病主要9个病种诊疗常规，脉
管病7项技术操作规范，脉管病6大疾病质控标准及标准病史样板，并总
结了不同病种高效验方77种，临床有效率高达95%以上，而他的学术成果
"奚氏糖尿病足筋疽"受到吴阶平、陈可冀两院士及50多名专家的认可，
上海市将其列为重大疾病立项研究。

1990年，奚老又应邀去中东阿曼王室诊病，并在皇家医院交流了中医
学术经验。

1995年，应美国马萨诸塞大学医学院之邀去做学术报告，就是这次，
美国血管外科权威惠勒博士称赞中医对脉管病后期坏死的治疗填补了西医
的空白。

1998年，受香港中文大学梁秉中教授邀请，去做学术交流，让这位香
港大学的内外全科博士大为称赞。

更为神奇的事情是：2002年，80岁的奚老因言语欠利索，CT检查为
脑梗死，彩超发现颈动脉有斑块，急性期用中西医结合疗法治疗后，后续
治疗中他自己开发"软坚清脉颗粒""三草清脉颗粒"，连续服用2年后，
同一医生、同一彩超再做检查，颈动脉斑块完全消失。

2008年，奚老患肺癌，他提出不开刀不化疗，大胆用有毒的附子，连
续吃了6年再次治愈，直到93岁高龄时每天还坚持上半天班。

2018年4月15日16点05分，奚老与世长辞，享年95岁。

根据他的遗愿，奚九一遗体将捐献给上海中医药大学，并表示可以捐

献所有器官给所需之人。

奚九一先生把自己的一生都献给了祖国的医学事业，真正做到了将医生的使命进行到底。

现在，社会上有一些反中医人士经常污蔑中医，说中医是安慰剂，所治好的都是自限性疾病，不吃中药疾病也会痊愈，真是无知至极！难道糖尿病脱疽也是能自愈的吗？奚老用中药治好糖尿病足，保住了病人双足，这铁一般的事实怎容抹杀！

谨以此文致敬奚九一先生。

参考资料：

《奚九一教授成名之路》

《奚九一谈脉管病》

何任：国医大师的爱情故事

　　爱情是人类永恒的话题。前些年，刮起了一阵民国爱情风：林徽因与徐志摩的爱情故事，鲁迅与许广平的师生恋情，金庸与夏梦的一辈子魂牵梦绕……成了网友们津津乐道的话题。

　　当然，作为中医，许多读者更想听听老中医们的爱情故事，这不，蛋蛋姐今天就找了这么一对神仙眷侣，他们之间的爱情故事，不同于林徽因们，不同于陆小曼们，却比他们的故事更美、更纯、更令人心醉。

　　这段爱情故事，就发生在国医大师何任先生的身上，当爱情都有中医特色的时候，是不是非常有趣啊！

　　1940年，何任从上海新中国医学院毕业。这所医学院是由海派中医泰斗朱南山先生创办的，学制4年，入学考试时，何任是第一名。

　　在学校的这段时间里，他聆听了上海名医祝味菊、徐小圃、秦伯未等先生的讲课，还细细阅读了大量中西医书籍。毕业那年，他才19岁，尽管年龄很小，却是饱读之士。毕业后他本想留在上海发展，可由于当时日本侵略，上海亦成为风雨飘摇中的一座孤岛，没有归属感的他选择回到家乡，在父亲的安排下，他到了浙江永康的盐务局医务室实习。

　　尽管回到了家乡，可日本人的阴影始终笼罩着国人的周围，战争转瞬又到了眼前，于是他再次迁徙，随着盐务局搬进了龙泉，这座县城就坐落在武夷山腹地，风光秀丽，一片郁郁葱葱。

　　尽管躲进了山区，可疯狂的日本人一逼再逼，他们在浙江衢州发动细菌战造成鼠疫流行，疫情很快传到龙泉。

政府进行检疫之后提议隔离，可这种隔离在山区几乎沦为形式，而且由于地处边远，又没有什么西医药物（战略物资都稀缺，何况民用），以致县内每天都有人死亡，一时间人心惶惶。

刚刚踏上医学道路的何任就面临这些凶险的传染病，他每天接诊的病人几乎全是天花、鼠疫、疟疾、痢疾、伤寒、副伤寒、肺痨等传染性疾病，幸亏何任把《金匮要略》学得十分精通，在治疗鼠疫的时候，他根据病人皮肤青紫、皮下出血、疼痛等症状认为这种腺性鼠疫类似《金匮要略》所说的"阴阳毒"，从而提出用升麻鳖甲汤加活血化瘀类药物治疗，结果一炮而红，在当时挽救了很多感染鼠疫的病人。

一时间，所有人都对这个不满二十岁的小大夫崇敬有加，何任成了当地名人。

这时，盐务局的一位同事提出要给他介绍对象，女方是浙江大学中文系的陆景涛，年龄小他4岁，当时也在龙泉上学（1939年，为躲避日寇浙大迁移至此），而且还是一位名门望族的闺秀。

两人在同事的撮合下见面了。陆景涛削肩细颈，眉如弯月。何任望着她那一张绝美的面庞几乎看呆了，他心旌不住摇曳，一颗心几乎涌到嗓子眼里。

首先开口的是陆景涛："听说您是这里的神医，我想跟您学学怎么给人诊病，请问您能教我吗？"一连三个您字，优雅如一阵春风拂柳。

"可以，可以，欢迎……欢迎你"，何任缓过神来回答。

就这样，两人开始正式接触，爱情的藤蔓在这片山城中疯狂滋长。

他挽着她滑腻温软的手，在黄昏的武夷山径上教她认药。她蕙心兰质，口中随处翻涌唐宋诗人的佳句应和。在浙大的校园里，在乡村的山路上，一对才子佳人如燕翩翩，夜幕中的星星月亮，宛如宝石闪耀。两个浪迹异乡的年轻人，丝毫没有谈钱财，却仿佛拥有了整个天地。

1945年，日本投降了，何任和陆景涛相偕去了杭州。

1946年，两人结婚了，婚礼在西湖岸边举行。陆景涛邀请了他的老师——中国一代词学巨匠夏承焘和中国书法宗师陆维钊，以及中国著名教育家郑晓沧前去压阵，婚礼隆重而富有诗意，这些文人豪客对这对新人给予了无限的祝福，从此两人踏上生活的船只向着广阔的海洋驶去。

杭州是一个天堂般的城市，处处莺歌燕舞，遍地春光旖旎。但身为医生的何任，却注意到了这个城市的另一个角落：贫苦的挑粪工。在每个城市都有这种人，他们做着一个城市最脏最累的活，拿着天下最少的钱，赤脚草鞋，短裤背心，肌肤也被熏得散发着臭味。由于经年累月受毒气的侵袭，很多工人得了疮痈，更有很多人，由于经常负重前行，小腿得了静脉曲张，绿色的脉络像小蛇一样爬满小腿，有的甚至溃烂感染。但他们却几乎不会找有名气的医生看，因为在当时的杭州，稍有名气的中医，出门都是长衫皮靴黄包车，很有派头，出诊也都是到中上层家庭去，穷人怎么找得起呢？

这时候，一个大胆的计划开始在他心中酝酿了，他想培养一大批专门为下层人民看病的医生，收费要低，疗效要好，穷人有了病可以找他们。出于这样的愿望，1947年，何任创办了浙江第一家中医函授社。

所谓函授，就是通过教材、信函进行教学和答疑，不用实体学校，仅需的办公场所就是何任家的小小客厅，主要工作就是撰写讲义内容并邮寄给报名的学生，所有的工作人员，就只有何任和妻子陆景涛两人。

在网络发达的今天，办个函授似乎很容易，甚至只需一个直播软件就可以了。可那会儿什么都没有，甚至何任想买一本中医参考书都没有卖家，杭州的图书馆也不开放，有一次何任为了买一部《脉经》，花了一石大米的钱，结果家里的经济为此很是拮据。

但新婚的两人为了中医事业却甘之如饴，他们发布在《新闻报》和《中央日报》上的函授招生信息很快有了回应，上至八十岁的民间中医，下至十几岁的少年中医爱好者都纷纷加入他的函授班，一时学员多达三四千人。

何任白天在诊所上班，晚上回来后编写讲义，经常写到深夜一两点。妻子当时大学还没毕业，晚上放学后就在一旁刻蜡纸、做油印，还要将收信人的名字地址写好。昏黄的灯光下，他称她"陆参谋"，她称他"何司令"。

一切做完后，趁着深夜，两人背起沉重的麻袋，去西湖湖滨的白傅路邮寄讲义，直到全部投到邮筒，两人这一天的工作才算结束。

星夜沉沉，在回家的路上，时而何任背着妻子，时而两人牵手并行，一边说着函授社的发展壮大，一边畅想着未来的中医事业，他们青春的脸上洋溢着满满的幸福。

很快，何任创办的浙江中医函授社成为继北京、上海这两大城市后又一个在全国范围内有影响的中医教育机构，他们那时大概还没意识到，他们在二十多岁做的这些事，为日后浙江中医教育的发展奠定了基础。

1954年，浙江省卫生厅成立了浙江中医进修学校，何任先生有办学经验，第一个被请去任教。1957年，他被任命为副校长。1959年，在经过很多努力之后，浙江中医学院（现浙江中医药大学）正式成立了。

众人皆知，何任先生是现代《金匮要略》研究第一人，第一届国医大师。但少有人知的是，他一生曾多次罹患癌症，然而却凭借医术与家人帮助，不断克制住癌症，直到2012年以93岁高龄逝世。

他说他的养生之道有一条，那就是夫妻和睦，在创业、生活的路上，妻子的美丽、坚韧、温柔、才艺，让他有战胜困难的智慧与勇气，每当听到妻子弹奏的钢琴曲，一切忧虑便烟消云散。

"君当作磐石，妾当作蒲苇，蒲苇纫如丝，磐石无转移。"这大概是最好的爱情了吧。

参考资料：

《何任的不凡人生》（出自《浙江工人日报》）

《中医药故事——国医大师何任》

尚天裕：甘为中医代言的西医骨科大主任

话说近几年国家大力发展中医药事业，在2007年1月时，国务院印发了《"十三五"深化医药卫生体制改革规划》，提出：要建立更加完善的西医学习中医制度，甚至鼓励西医师全面系统学习中医。

这个消息一发布，大大刺激了某些反中医的西医大夫的神经。

譬如某些人就毫不留情地指责："将来是否还要学习巫术？干脆连算卦一起学了。"有些还颇有趣味地说："倒车请注意，倒车请注意。"

言语之间，颇多讽刺。

其实，这些话我们近年来听了上千遍了，也并不觉得很生气，但是说西学中是开倒车，这绝对是无知的表现。

在这里，不妨举一个西学中然后大有建树甚至走到国际前列的例子，不妨从骨伤科开始说起。

大家可能都有一种印象，古中医在标准化、数字化上几乎是毫无建树的，所以很多人觉得它落后、不科学，也因此几乎所有的人都相信，在X光下，对折断的骨头进行精准拼接，效果应当完爆靠摸骨对位的中医。五十多年前，我国骨科泰斗尚天裕教授也是这么认为的。

尚天裕，1917年出生于陕西省万荣县。1944年，27岁的他毕业于西北医学院（现西安交通大学医学部）。毕业后留校做外科助教，1947年由于成绩突出，被我国著名外科专家万福恩教授推荐进入南京陆海空军总医院。

中华人民共和国成立后，时间很快到了1956年，毛泽东主席、周恩来总理综合考虑我国国情，提出了中西医结合的道路，并且开展了在当时颇具争议的西学中运动。

之所以说颇具争议，是因为当时很多西医专家坚决反对西学中这个政策，跟今天很多人一样，当时的一些西医也认为中医一无是处，是落后的医学，有什么可学的呢？

当时的尚天裕教授就是反对者之一，但不管怎么说，在当时的政策下，他还是硬着头皮参加了卫生部在天津举办的第一期在职西医学习中医班，结果只能用四个字形容，那就是"格格不入"。

尚天裕曾满腹牢骚地说："现在都进入原子时代了，我们使劲地跟，还怕跟不上国外的脚步，现在反而要学习阴阳五行、气血津液这些原始的东西，有什么用处呢？"

所以学了半年后他干脆不学了。

后来，卫生局还给他们骨科配备了一位姓马的正骨中医大夫，不料这事引发了更大的反应，所有西医骨科医生一致反对，他们的理由是：中西医治疗骨折方法不同、原则各异，小提琴和土琵琶弹不到一个弦上，根本没有共同语言，硬捏都捏不到一块，还谈什么结合？

最后尚天裕烦了，直接跟领导说了下面一番毫不留情批评中医的话：

中医骨科根本不行。骨头是硬碰硬、实打实的东西，手摸得着，眼看得见，还可以通过X线来证实，谁也骗不了谁。西医具有现代医学知识，又利用现代科学技术成就，有的骨折因为手法整复不了，石膏固定不住，不得已才开刀。中医用手摸一摸，贴上一块膏药，捆几块木板，就让患者活动，怎么能行？骨折了找中医捏骨，是自找麻烦。（《尚天裕文集》）

这话在现在人看来绝对是中医黑无疑了，当时的领导也很没面子。

但是事情在不久后，却发生了一个小转折。

当时尚天裕的孩子得了湿疹（黄水疮），找西医打了很多针，吃了、涂了很多药，一年多了就是不见好。

最后西医大夫告诉尚天裕，他的孩子属于渗出性体质，意思就是这病治不好了。

尚天裕一听，头立马大了，这是自己的孩子啊，发生在自己身上能不心疼吗？脸上往外渗水，淋淋漓漓的，多难看啊！

最后不得已，他很不情愿地找一个老中医看，老中医开了一丁点儿中药粉，才几毛钱，涂上没多久完全康复。

尚天裕这下子思想开始转变了，他在思索，究竟什么样的医学才是科学？最后他想明白了：疗效就是科学。尽管中医在一些事情上解释不清楚，可这不能怪中医，我们这些掌握了现代科学的人应当努力寻求中医学遗产中的科学根据，帮助他们提高认识，这是我们的责任！

就在这种情况下，他开始留意中医。

很快，促使他投向中医的第二个转机到来了。

当时他们科里有一位青年司机在一次车祸中造成骨折，尚天裕亲自做手术，没想到伤口感染了，形成了骨髓炎，又连续做了好几次手术，一直在医院里待了好几年，可以说是被折磨得死去活来，最后还留下了终生残疾，好在总算留下一条命。

病人出院时跟尚天裕道谢："多谢你们几次把我从死亡线上拉回来，我的命是你们给的。"

这几句道谢的话听在尚天裕的耳朵里却是那么难受，晚上他在家不断思索，尽管病人活了下来，可留下个终生残疾，这算哪门子成功？这明明就是一出悲剧。其根源是他们的医疗思路不对头，方法不正确，尽管我们把人救活了，可如果仅仅停留在这点要求上，那这根本不叫医术。

当时（20世纪60年代之前）国际骨科界普遍采用的是欧美学者Muller

创立的AO（ASIF）法，这种学派认为，对折断的骨头要把握"解剖对位""广泛固定""完全休息"这三个原则。

而尚天裕在随后的观察中发现，中国的一些民间中医完全不理睬这三个原则，很多时候，既不是完全对位（因为没有X光），也不是广泛固定，更不是完全休息，有时候反而鼓励骨折患者运动。

他还发现，这些中医处理问题的速度和效果有时候还很不错，在民间享有很高的声望。

于是他开始咨询一些老中医这是什么原理，中医说出了他们的理由，那就是：骨折病人一定有瘀血，要运动才能加速瘀血排除，这样才能好得更快，把部位完全固定，病人无法动弹，瘀血怎么排？

这一下让尚天裕产生了极其矛盾的思想，中医说要活动，国际西医主流说要完全固定，到底哪个更好？只能让观察、实践来说话，于是他接着观察。

这次他彻底虚下心来跟随当时中国正骨八老之一的苏绍三老中医学习，他逐渐接触到了中医正骨的一些材料，诸如手捏、膏药、捆竹帘、打夹板、推拿按摩等，这些在清代宫廷教材《医宗金鉴·正骨心法要旨》里都有记载。

他跟随苏绍老中医学习了三两年。

在这两年里，他遇到了太多在他们医院治不好转而让苏绍三治好的病人，这些病人认出他后还跟他打招呼说："尚主任也来了哈。"

尚天裕一开始听到这些只觉得脸上发热，感觉很不好意思，自己堂堂西医大主任，现在跟民间中医学习，的确是有点降格。

但后来他想通了，有好的技术当然要学，这有什么可羞报的？

最后，尚天裕在观察中找到了信心。他把天津市有名的中医骨科医生全部请到自己的医院科室里向他们请教学习。

这下眼界开得更大了，中国民间正骨真是五花八门，他后来觉得还不满足，干脆坐火车到北京、河南、广东等地登门拜访正骨名家，这就是他所说的"请进来"和"走出去"。

尽管民间的正骨手法都不相同、毫无统一性可言，但他从各门各派的方法中得到了精髓。

他总结出一套学习中医的方法，那就是：先从一门一派开始学，学一段时间跳出来，再进入另一个门派，取百家之长为我所用。

是的，中医本来就是门派性的东西，如果因此就否定中医科学性，这毫无疑问是武断的。

尚天裕教授在拜访了很多中医骨科大夫后，彻底摒弃了欧美流行多年的 AO 治疗原则，结合中西医两者之所长，他开创性地提出了中国的 CO 治疗法，这些法则具体包括：

一、明确反对为了精准对接骨缝隙而多次对骨骼进行移动的"解剖对位"，而是致力于追求"功能复位"，这样就能保护神经、血管、筋肉不受损害，尽管不是那么严丝合缝地对接，可效果反而更好了。

二、坚决反对广泛固定。之前西医用坚硬的广泛固定法，他通过实践认定，尽管理论看似正确，可实际效果差。他别出心裁制作出弹性局部固定工具，反而让骨折愈合得更快，并发症更少。这就是"小夹板"固定法的由来。

经过科学认证，尚天裕的这种中西医结合法比单纯的西医治疗效果更好。具体表现有：

一、骨折愈合快了，较单纯西医治疗法可快 1/3。

二、疗程缩短了，较单纯西医缩短 1/2。

三、关节僵直、肌肉萎缩、骨质疏松、骨折延迟愈合和不愈合等并发症基本消失。

四、骨折不愈合率由过去5%~7%下降到0.04%。

1964年，国家各部委组织中西医专家对尚天裕的中西医结合治疗法进行认定，确认为这是一项国家级科研成果。1970年，周恩来总理亲自接见尚天裕，赞扬尚天裕的新法里包含了许多哲学辩证法。

而真正让尚天裕走向国外的是下面一件事。

1973年，奥地利维也纳创伤外科医院代表团来到天津医院交流。有位医生提出：尚天裕的接骨疗法我们听过，但是难以置信。于是尚天裕亲自给他们解释，但是，他们当中有些人还是直摇头。

当尚天裕在他们面前进行现场示范、复查病人时，他们彻底服了。

为了回国后可以说服其他同事，他们还向尚天裕收集电影、幻灯片、小夹板、内外用药以及有关资料，并邀请天津医院派遣医师去国外交流经验。

送给他们的《中西医结合治疗骨折》一书，被译成德文（后又译成日文），作为骨科丛书在欧洲发行，受到很高评价。W.克罗斯（Krosl）博士在此书序言中写道：

1973年，我有机会去中华人民共和国访问，参观了天津医院……我在该院学习了他们的方法，其中最惊人的有两项，一是那里的医生的惊人才智，他们能将较复杂的骨折整复得很好；二是其固定方法与西方有很大的差异……其中最显著的例子是：前臂双骨折及踝部骨折……

1980年，尚天裕去德国宣讲，不来梅州卫生部长说：我们治疗骨折靠刀，你们靠手，这需要高超的技术。

同年，他获得爱因斯坦科学奖，1981年去美国讲学引起轰动，之后足迹遍布全世界。

在所有的医学课题中，中国有5个项目获得国内外公认领先世界水平的技术，尚天裕的小夹板就是其中之一。

尚天裕的技术能走到国际前列，跟吸收中医的营养是分不开的，如果当初他将中医一棍子打死，这个领先可能不会降临到他的身上。

纵观这个案例，可以说中医学术在骨科创新上发挥了至为重要的作用，还有什么理由污蔑西学中是开历史的倒车呢？

我们希望世人可以用公正的眼光看待中医，从传统中寻求智慧，绝不是什么反智主义。

蛋蛋姐相信，站在前人的经验基础上才能更快、更有效地找到迅捷的好方法，而中医药这个宝库必将还会有更多珠宝等待发挥光彩，让我们拭目以待。

参考资料：

《取中西医的精华走医学创新之路：谈谈对中西医结合治疗骨折的思想认识》

《骨伤名医尚天裕》

王延涛：九死一生，以身涉险，复原麻沸散

2017年7月，蛋蛋姐参加了中国中西医结合麻醉学会的年会，会议上我汇报的题目是《麻沸散争议之浅析》，就东汉时期华佗究竟有无麻沸散以及他能否将之应用到临床发表了一点不成熟的意见。

在会议结束后的点评模块，苍天降幸于我，我遇到了徐州医学院戴体俊教授，他是中国药理学会（麻醉药理）专业委员会主委。

老先生告诉我：在中国，有一位医生曾复原中药"麻沸散"并将其应用到临床，在当时，全国应用中药麻醉，做了四万六千例临床全麻手术。这个复原麻沸散的医生叫王延涛，现今已经八十多岁，还健在，现在就在海南！

当我听到这个数字的时候，全身震颤了，竟想不到，在中国还真有人用麻沸散。我赶紧向戴教授寻求王老先生的资料，几天后，资料终于出现在我的邮箱，几十页的资料，当我打开阅读的时候，几十年前的时光宛如重回眼前，擦去尘封在宝盒上的灰尘，一段几十年前的动人故事，仿佛还在散发着幽幽的光芒。

1960年，王延涛先生在徐州医学院附属医院开始从事临床麻醉工作。当时麻醉的方式就是吸入式乙醚。

在以后的几年里，为了响应毛主席"中医药是个伟大宝库"的号召，王延涛报名参加西学中班，根据他的专业，他修习的是针刺麻醉——目的是可以应用针灸为实施手术做麻醉术。

可针麻总体效果并不令他满意，尽管一些小的手术可以用针刺麻醉，但一些大型手术，尤其是胸部的大手术，针刺麻醉的效果一般，有些病人哪怕选择不做手术，也不愿、更不敢去尝试针刺麻醉，所以王延涛还完全是以乙醚作为麻醉剂来使用。

但好景不长，随着中苏关系交恶，为了响应毛主席"深挖洞，广积粮"的号召，凡是以粮食为原料的乙醚等麻醉药，药厂全部停产了。医院仓库里的麻醉药很快告罄。

没有了麻醉药，这就意味着大手术的停止。这不单单是徐州一家医院，而是全国数不清的医院。

许许多多的大手术都暂停了，这就像一架运行中的巨大机器，自停止工作的那时起，沉寂的声音令医生恐慌无比，堆积起来的病人，更令医院所有工作人员焦急不已。

没过几天，仅王延涛所在的徐州医学院附属医院就累积了15例必须大手术的病患，病人的家属开始在医院走动，他们央求主刀的沈医生尽快手术，可沈医生告诉所有病人家属："没有麻醉药，手术根本做不了。刀子割的可是肉啊，你们要去找麻醉科王大夫，让他先想办法去解决麻醉问题。"

于是，病人开始聚集在王延涛门口，一个老太太曾带着孙女到王延涛的医室门口，央求他给儿媳妇实施麻醉："王大夫，我们求你啦！我们村子穷呀！儿媳妇才四十多岁，得了胸瘤，是癌症，要开刀才能治好，来了二十天了。为了来徐州治病，这不，钱也花了，病还没有治，这可怎么得了啊！求你给上麻药吧！"

其他的病人家属也都满脸哀求："求求你，求求你，我们不能在这里等死啊！"

王延涛每天都能听到他们的央求，然而对麻醉药却真的无能为力。他陷入深深的自责当中，遇到来求的病人也只能安慰说："我会想办法的。"可是，麻醉药哪是自己能随便生产的？

每当他回到家，心情特别沉重，躺在床上不言不语，一直到深夜。

有一天晚上，他在家突然想起了华佗——那位凭借麻沸散准备给曹操开颅却横遭惨死的医生。难道，中国古代的麻沸散真的可以让人昏睡过去实施大手术？

这是真的还是假的？真的还是假的？他在内心接连问了好几遍，最后一下从床上翻身下床。

他心想：管他呢，现在都什么时候了，真的假的都要试试，万一是真的，这个巨大的麻烦不就有希望解决了吗？

他披上衣服穿上靴子，冒着外面的寒风跑到医院图书室，昏暗的15瓦灯泡下，他开始检阅那些蒙尘的古医书。

一本本看下来，凡是跟麻醉、昏迷相关的字眼，他都抄录到笔记上，乌头、草乌、当归、川芎、曼陀罗（又称洋金花）、羊踯躅（又称闹羊花），他抄了好几页的日记。

他是一个西医医生，对中药的性能不太了解，于是他准备去请教中医科大夫，问问他们对中药麻醉的看法。

结果当头一盆冰凉的冷水将他泼得浑身颤抖。有中医大夫告诉他，这些药毒性很大，尤其是曼陀罗、羊踯躅，搞不好会死人的。"我年轻的时候，知道有一位医生，将洋金花5分开成了5钱，病人喝了药出现高热，抽筋而死；我们村里还有一个孩子，因为吃了3朵洋金花，高热不退死了；所以村里凡是出现洋金花植物，一定要及时拔除，以免人误食。"

他听后吓得出了一身冷汗。

但他不死心，又去药店询问药工，药工告诉他："这些药反正也有吃了不死的，有些人咳嗽哮喘，就买三分洋金花卷在纸里当烟抽，吸入后可以缓解咳喘；还有用它治疗腰疼的；还有一位癫痫患者用这个药，吃了后昏迷了好几天，可醒来后病也好了。"

听到这些，王延涛又感觉到一点希望。

面对上面两种不同意见，王延涛决定做一些动物实验，想亲眼看看这些药的药理到底咋样。

时间到了1970年，徐州医学院到农村办学，接受贫下中农再教育。利用这个机会，他跟学校动物房的张老师以及附院黄希珍书记做了申请报告，一开始用小白鼠做分组对照试验，结果发现：不论洋金花还是闹羊花，对小白鼠都没有麻醉作用。

他不想就这么轻易放弃，再打申请报告用兔子、再用羊、再用狗做实验，可不管是灌胃还是注射，统统未能出现麻醉作用。

一次次的结果令他感到失望，所有美好的愿望都落空了。

回到家里，他憔悴地推开门，孩子们高兴地扑到他的怀里，可他却悲伤地想哭，实验失败带来挫折感，二十多个日夜白费了不算，关键怎么面对那些焦急等待的病人？

第二天去了医院，各科的大夫都去找他，一位姓朱的大夫告诉他，刚刚收了一位鼻咽部海绵状血管瘤的患者，已经有过两次大出血的经历，再耽搁下去，恐怕病人会死在医院，到时候就不好看了。

申主任也让他想办法，说院里有一位门静脉高压的患者，随时有血管破裂大出血的可能，必须要实施手术了。胸外科、骨科的大夫也来找他，此时的王延涛如坐针毡，压力如山。

如果是你面临这种情况，你会怎么办？一般人肯定会说，没麻药，我有什么办法啊？我家又不能生产麻醉药，毕竟巧妇难为无米之炊啊！

可是王延涛却将这些想说的话忍住了，他头脑在飞速运转，究竟是什么地方出了问题？为什么书中记载的麻醉药对动物全无作用？难道华佗的麻沸散是骗人的？难道危亦林的药也是骗人的？

这是最后一线希望，不能就这么轻易动摇。

是不是这些动物的种属离人类太远了呢？应该用大猩猩做实验？可没有这样的条件啊！还有什么办法？能不能直接拿病人做实验？或者招募志愿者？

不行呀！自己是医生，怎么能那么自私，万一病人喝了药，直接死在手术台上怎么办？到时候病人家属会怎么想？

他脑海纷乱如麻，就在这时候，一个意识在头脑中滋生：他想自己亲身试一下这些药。

可一想到那些误食了洋金花而抽搐死亡的孩子，他内心却立马升腾起猛烈的恐惧。

人在死亡面前是脆弱的，多少人为了求生而苟且，可他却得冒着死亡的风险去验证，何况自己还有妻子辛治娟，还有三个永远舍不得的孩子，这些活生生的生命难以割舍，每当想到这里，汗水就会突然湿透他的衣衫。

"放弃吧，放弃吧！"他内心剧烈斗争着。

可多少期待的目光在瞧着他啊，他现在还有退路吗？人在到达某种极点的时候，或许真的可以放弃自己的生命，去选择一项比自己生命更重要的东西。

他望着书架上早已藏好的洋金花，做好了赴死的准备。

1970年6月16日晚上，妻子去上班了，他安抚三个孩子睡下后，久久凝视这三个可爱的孩子，然后毅然走到书房，打开早已准备好的洋金花药包，在天平上称了1克，煮水待凉后一次服下。

不到10分钟，开始觉得口干、满脸发烫，但神智痛感仍在，其他并无不适。

找到感觉了，他心里非常高兴，但随即意识到，下一次将会发生什么？

两天之后的晚上，趁着家里没人，他再次偷偷地取下药包，这次他称量了2克，煮水服下后不到10分钟，头脑开始昏沉，马上就躺在床上睡着了。直到爱人夜晚1点多下班回来，敲了老半天的门，王延涛才觉察动静。

这次他开始更加害怕了，这次能叫醒算是幸运，下次，下次再也叫不醒，不就是阴阳两隔了吗？

但是，他心里分明还高兴，这下睡着了，不是已经充分验证他有麻醉的效果吗？

继续下去！

第三次，他称了4克洋金花复方制剂，为了安全起见，他把药带到了医院里，以防真的中毒时可以急救。

在科里，他做完了工作后，找药房的付广胜师傅将药煎好，端着药碗，他一饮而尽。

很快，头脑开始昏迷了，眼前一直盯着的血压计汞柱也开始变得模糊不清，脑海中更是出现了飘雪的现象，没一会儿他的意识越来越昏蒙。

护士长看到他这个样子，一直叫喊他的名字。他也想告诉护士长自己喝了麻醉药，可口却张不开。

妻子一看这情形立马明白了，她早就知道丈夫一直偷偷做麻醉实验，但还是忍住巨大的压力默默支持。在王延涛麻醉的这段时间里，妻子一直在床边记录血压数据，做各种喊话、刺激的反应记录。

王延涛的举动很快惊动了全院，院长的父亲、母亲赶来了，医院的黄书记赶来了，医生邻居们也纷纷赶来了，一起守护在他的身边9个小时。

当他再次睁开眼的那一刻，妻子再也忍不住开口道：你要吓死我吗！所有在场的人，听到这一句都捂着嘴哭了。

然而清醒后的王延涛却很高兴，睡了九个小时，醒来后没有任何身体不适，原先的记忆没有任何损害，而且还吃了一大碗面。

他激动得睡不着觉了，立马起来撰写报告呈送黄书记，请求开始进行临床试验。

黄书记听罢，立即召集院里专家商议，解放军代表、工宣队代表、外科医生代表都一致通过。

1970年7月8日，第一例中药麻醉手术开始了：一位32岁的女性，做了甲状腺次全切除术。外科张宇琪大夫说麻醉很成功，手术很顺利。

麻醉方法是让病人在病房内一口喝下药物，等待五分钟，病人入睡后立即用推床送入手术室，扎进输液针后，立即从静脉给予冬眠合剂一号两毫升，这是我们平常做麻醉的辅助用药。

病人入睡后手术开始，术中毫无疼痛反应，生命指征正常稳定。服药八个多小时后完全清醒。

病人第一句话是：我开刀了吗？我睡了一觉一点也不知道，谢谢大夫。

第一例中药麻醉圆满成功，很快第二例第三例也相继成功。第四例就是文章开头那个老太太的儿媳，开胸后发现横膈肌上长着有拳头大的良性肌纤维瘤，手术顺利，没几天伤口拆线就出院了。第五例是位小伙子，患左小腿慢性骨髓炎，需要做扩创搜刮手术，单独服用复方洋金花四克，手术半小时，醒来后他说："睡着后做手术一点也不知道，不痛，谢谢大夫。"

这项成功的技术很快引起轰动，医院里购入了一大批洋金花制成复方洋金花针剂，不但供给本院使用，也供给别的医院应用。徐州市立一院、四院、解放军第88医院也来参观学习，他们回去后，立即纷纷开展中药麻醉并进行推广，很快传到了上海、北京。

周恩来总理听说后在中南海接见了王延涛。

周总理当时正生病，仍然在病榻上接见了他，周总理对他说："你们辛苦了！中药麻醉这是件了不起的事，尽快向全国全军推广，深入研究。"

洋金花的麻醉作用得到全省专家的一致认可，证实了这种麻醉方式合理有效，对缓解当时麻醉药缺乏有巨大意义。

按说故事应该告一段落了，可王延涛还在继续，洋金花的功效被证实了，那么羊踯躅呢？这个同样齐名的药物有没有麻醉作用？如果两者能结合起来，会不会研发出更高级的中药麻醉药？效果更好？

为此，他准备冒着生命危险再上征途。可恰在这时候，悲剧发生了。

他准备了3钱（9克）的羊踯躅秘密藏在书架后面，准备找个合适的日子瞒着家人继续试验。可这个秘密被妻子看到了，妻子辛治娟不忍心丈夫再次冒险，于是偷着把羊踯躅煮水喝掉。

不料，这次却引起了剧烈的中毒反应：不到十分钟，妻子开始恶心、想吐，同时肚子扭劲地痛，神智完全清醒却无力站起，腹泻感和呕吐感愈加严重。她马上让孩子到医院把王延涛叫回家。王延涛到家后一测妻子的脉搏仅40次/分，血压20毫米汞柱，立即在家中给她静脉注射一支阿托品，血压上升到40毫米汞柱，然后把她送到手术室进行输液吸氧。妻子一会儿血压又有下降，王延涛立即请内科大夫会诊，应用去氧肾上腺素及异丙肾上腺素维持静滴，可血压就是不升，心率仅40~50次/分。内科的意见认为要做好心跳停止的复苏准备，外科医生备好了胸内心脏按压的器械，不撤升压药，一直静脉点滴维持，在手术室抢救观察。

孩子们前来看望妈妈，周岁的小儿子不肯睡，一直吵着要妈妈，等睡着时已经夜里10点多了，8岁的女儿才能抱着小弟，领着大弟回家。孩子们不睡也不愿离开，真是苦了孩子们。

一个星期后，妻子的血压渐渐恢复了，真是老天爷的恩赐！

这次试验差点要了妻子的命，王延涛每每想起都会后怕，可是妻子终于用伟大的试毒精神验证：羊踯躅没有麻醉作用。这是中医古籍中的错误记载，一旦不慎会导致死亡！

1971年，上海制药厂开始大批量生产洋金花制剂。这个成果是巨大的，在当时西药乙醚麻醉极其短缺的情况下，王延涛先生及其妻子辛治娟冒着生命危险试验成功了中药麻醉，并成功将其应用到临床大手术当中，全国各地的医生亲自参观后都纷纷惊叹。

北京大学医学部的金教授说：中药麻醉洋金花为主药的发现，这是很了不起的事情，王老师亲身试服，神志消失后达九个小时方醒，醒后和服药前一样，没有痛苦，平稳入睡，所以他的亲身体会告诉我们，洋金花是全身麻醉药，是安全有效的。手术后病人的反应也是如此，就像睡了一觉，手术就做完了。

谢荣教授说：中药麻醉技术过硬，看着王大夫做双腔气管插管很容易，王大夫还用中药麻醉做了控制性低温低压麻醉，真是很叫人信服的麻醉方法啊。谢荣教授还说：要不是王大夫吃了这一口药，华佗的麻沸散就难以得到证实了，几千年断了线，只能说是神话了，这次把线接起来了，中国是世界上外科手术和麻醉的鼻祖，是不可置疑的事实！

短短两年时间，全国有四万六千余例中药麻醉的手术获得成功。

解放军总医院的军医在介绍抢救脾破裂手术的经验时说：若是有战事，中药麻醉是一定要带到前线，为抢救战士生命争得时间。

越南战争结束后的表彰大会上，还报告了应用中药麻醉成功抢救3例濒死战士的案例。

医院的医生纷纷赞叹麻沸散重见于世，而徐州医学院也因为有王延涛这样的中药麻醉先锋，具有了开办麻醉专业的条件。

1978年，王延涛在第一届全国科技大会上代表徐州医学院接受了集体奖，他和妻子凭借伟大的牺牲精神，让一千八百年前的麻沸散终于活生生地出现在人们的眼前，这不能不说是医学史上的一个奇迹。

历史的车轮滚滚向前，几十年后的今天，当我们再提起中药麻醉，可能已经没有人相信这是真的，甚至许多中医院的麻醉医生，都根本不知道这段历史往事。

有人对中药麻醉这门古老的技艺充满了怀疑，它真的在历史上出现过吗？它真的可以让病人昏睡过去，任医生开胸剖腹，醒来后却没有任何痛苦吗？

王延涛老先生和他背后的那一代老专家，会用它们微弱的嗓音告诉你：这是真的，在国家最困难的时候，它曾救过很多很多的人！

我们不能忘记中药麻醉，我们更不能忘记的是王延涛这样的试药英雄。

神农尝百草已是遥远的过往，而为了解救病患的危难甘舍己身的医生，不正是当世的神农氏吗？

我们曾羡慕日本有华冈青洲这样的医生，感慨"大雅久不作"，现在终于知道了，同样动人的故事也发生在我们的国度，我们何曾落后于他人？

参考资料：

《开掘和提高中药麻醉的历程》

石学敏：鬼手神针

蛋蛋姐曾看过一部老电影，相信很多人都看过，这便是大导演谢晋执导的《鸦片战争》，里面有一个镜头，道光皇帝患了头痛病，他闭着眼让太医给他扎针灸，当大臣慌忙进殿禀报战争失败的时候，道光皇帝气急败坏地把头上的针全拔掉，一副怒气冲冲又无可奈何的样子。

针灸，封建皇帝，鸦片战争，战争失败，这些词语汇合在一起，导演无非想传达一种观念：中国的失败是因为落后，而针灸就是落后的一个代表。当外国人依仗着船坚炮利来势汹汹的时候，中国皇帝居然还指望针灸这种古老的方式治头痛病，岂不是愚昧？

很多人也不相信针灸能治病——它构造太简单了，就一根"绣花针"而已，简直没有任何的科技含量，作为21世纪的医疗工具，难道不应该最起码安装一个芯片？就光秃秃的一根针，怎么能说治病呢？

但是，在中国却有这么一个人，他就凭借几根简单到不能再简单的银针，让中风瘫痪、卧床不起的病人重新下床走路，这让无数的神经外科大专家不敢相信眼前的一幕，却又不能不承认这是真实不虚的，而且这人还凭借这项神技当选了中国工程院的院士。

这位院士就是石学敏。关于石学敏院士，还有几个小故事。

石学敏年轻时参加过医疗援非，正好赶上阿尔及利亚国防部部长打猎时从马上跌落，瘫痪在床上两三个月起不来。从欧美重金请来的医疗专家组纷纷表示，病人能重新站起来的可能性几乎为零。

而石学敏被请去诊治时，跟病人说，只要六次施针就能站起来。

结果根本没用六次，只五次，部长就独自下了床，紧紧地拥抱了这个中国针灸专家。从此，他以后再去给这位部长治病，部长直接带上乐队，亲自站在官邸门口迎接他。

石学敏在法国讲学时，讲到针灸能治疗支气管哮喘，话音刚落，就有一位法国妇女向他走来，称她正患支气管哮喘，请求当场施针。他拿起银针，众目睽睽之下，取穴扎针，几分钟后，针停喘止，现场一片惊叹。

后来，石学敏将致死致残率最高的中风作为研究课题，总结出了"醒脑开窍针法"，让无数瘫痪在床的病人重新下地，自理生活。

1996年，一位叫劳德的美国教授来到天津中医学院一附院，提出要看一看1995年前后用醒脑开窍针法治愈的一百份病例，看完后又与这些患者见了面。

劳德完成所有调查后，感慨地说："你们中国的患者是幸福的，对于中风病，我们美国是没有这样良好的治疗方法的。以后，我要是得了中风病，也要到你们这里来治疗。"

近两年在科技部推广项目过程中，某省西医院神内科主任对醒脑开窍针法还不太服气，面对一个危急的中风患者，对石学敏说："我只能给您一个小时的时间。"

石学敏说："不用，半个小时足矣！"

15分钟后，病人血压正常，颅内压正常，意识转为清醒。于是这位神内科主任追着他说："我一定要到你那里去进修。"

那么，石学敏独步医林的醒脑开窍针法，是如何从无到有创立出来的？他又是凭借什么过人的能力当选为工程院院士的？这一切，得从他的年轻时代开始讲起。

1962年，石学敏天津中医学院毕业。他最初的专业，并不是针灸，而是中医内科，偏重于开汤药。

1964年，因为国家提出要传承针灸技艺，作为品学兼优的年轻人，他就被卫生部挑选到北京，进入针灸研究班正式系统学习针灸。在这段时间里，他接受了很多针灸大师的教诲。这些针灸大师中，甚至就有御医的传人。

1972年，石学敏被任命为天津中医学院一附院针灸科主任，此时距离他大学毕业已经过去整整十个年头。正如中国多数创业者三十多岁开始创业一样，石学敏也摩拳擦掌，准备干一番惊天大业。

可从哪里开始呢？别人向他推荐了一些课题，可他想了想，这些问题太小，根本没有挑战性，就迅速否决了。他想，要玩当然得玩个大的，于是他90度角仰望天空，将目标聚焦在了脑卒中上。

脑卒中，就是人们常说的中风。中风患者，轻则瘫痪，重则死亡。很多中风患者不但走不了路，甚至连吃口饭都能被呛到。

在世界疾病谱上，中风无疑是一座巍峨的高峰，上面白雪皑皑，飓风肆虐，罕有人迹。别说在1972年，就算放在现在看来，这也是一个国际性医学难题。

当石学敏将这个想法跟医院汇报后，医院领导并不看好，因为这个课题难度实在太大，领导担心他很难做出成绩。

但石学敏说，成绩，当然可以做出来，我们每扎好一个中风病人，这就是一个成绩啊。小成绩做多了，这就是大成绩。可以做！完全可以做！

医院领导听完，认为他若真能把中风这个大课题拿下，不管是对医院还是对社会来说，都具有重要意义。

"说说你的打算吧！"领导征求他的意见。

"要干成这件事，我迫切需要病房，没有病房，就一个光杆门诊，形成不了长期、全面的观察，病人进进出出也影响疗效，更谈不上得出什么数据。病房就是咱的大本营，就是咱的根据地。"石学敏说。

医院领导听完，马上从全院250张病床中分出80张给石学敏组建中风病房。

只有病房不行，他还迫切需要一个团队！没有团队，只靠他自己一个人，是什么都做不了的。关云长号称万人敌，可没了帮手，照样麦城被擒。

可人才在哪？

远的招不到，那就从身边人开始吧！所以第二天一起床，他就把针灸科仅有的几个年轻的小大夫聚集在一起，豪迈地说："我一定要下定决心，把你们这些年轻医生培养成个顶个的好手，让你们成为非常厉害的针灸医师！"

这些刚毕业的小大夫听完这振奋人心的话后，如同被打了鸡血，一时间人人振奋。可光打鸡血不行，怎样吃上真正的粮食，这才是更重要的。于是，石学敏利用周末的时间，把北京、天津非常厉害的针灸名家请到医院，让大师们给小大夫们上课、传授干货，以此来提高团队的专业水准。

只听课还不够，石院士让小大夫们白天照顾完病人，晚上回到家后，还要把《灵枢经》等经典原文每晚抄写两千字，第二天一早来交作业，交不上就等着挨批。后来光抄还不够，他还要求全部理解。每天晚上下班后，他还要拿出两小时亲自给大夫们讲解。

石学敏每天讲完课后，回到家早已漆黑一片。可为了提高全员水平，他只能争分夺秒。最后，整本《灵枢经》学完后，小大夫们都达到出口成章、倒背如流的程度，这绝对称得上"魔鬼训练营"。大夫们的专业知识呈火箭式增长，团队的整体水平很快就上去了。

团队打造起来了，好比有了一把锋利的宝刀，接下来得实打实找出治疗脑卒中的有效穴位。人身大穴365个，无名穴无数个，这一枚小小的银针，究竟扎到哪些穴位上才能产生疗效呢？

在初期阶段，石院士还是停留在继承的阶段，他搜寻古人针灸医书，发现古人治疗中风的取穴都集中在三阳经，也就是太阳、阳明、少阳手足六条经脉上，因为古人认为中风是由外风从人体的最外部经穴灌进人体，进而导致意识昏迷、肢体不用、口眼歪斜，所以他最初的治疗也是从暴露在身体阳面的穴位如曲池、肩髃、百会、风市、足三里等入手治疗，可大家试了无数次，结果发现疗效甚微，起色不大。

团队第一次遇到顽固阻击，这该怎么办？军令状都立下了，总不能让医院看着出丑吧，面对迷宫一样的困境，他决定换个角度来观察这个问题。

中风病人出现意识障碍，毫无疑问是神的问题，神志被蒙蔽了，所以人说不出话，而心主神明，脑为元神之府，所以要治疗中风，必须醒神、醒脑，这是最重要也是最基本的原则。

那么是什么蒙蔽了神明？元凶是什么？关于这点，明清时代许多医家其实已经有所发明，就是痰与瘀血为患，脾虚生痰，气虚生瘀，那么痰与瘀血是怎么上达大脑的呢？是因为肝风、肝阳的向上冲动。而肝风、肝阳的产生，是肝肾阴虚、水不涵木导致的，所以治疗这个病，醒神开窍是原则，滋补肝脾肾、消除痰瘀风是根本，而心肝脾肾的经脉都在人体阴面，醒脑醒神则需要通督脉。这个方法与之前的风取三阳经可谓是完全相反，究竟行不行呢？那就试试吧！

石学敏当时找了很少的几个穴位，如人中（督脉）——醒脑，内关（厥阴心包）——调神，三阴交（三阴经）——滋补肝脾肾。经过试验，居然很有效，很多双足不能动的病人，经过针灸居然能奇迹般抬高双足了，有些甚至能慢慢下床活动了，这说明针灸在起作用。

这个过程说着简单，但石院士带领团队一做就是七年，换了无数穴位，总结了四千多例病人的情况，甚至有三年时间吃住基本都在科里，回家的次数屈指可数。

随着研究的不断深入，石院士随后添加了许多更加有效的穴位，让粗线条的治疗方法更加细腻、丰富。如吞咽困难加风池、翳风、完骨，语言不利加濂泉、金津玉液放血，足内翻加丘墟透照海，呼吸衰竭加气舍，最后尿潴留、便秘、共济失调等难题都有了行之有效的对应穴位。

病人得到越来越有效的治疗，医院的规模与效益也越来越大，他把这套针法命名为"醒脑开窍针法"。有了这套针法，救治脑卒中就有了重器，就可以有效制敌了。

针灸虽然能治疗脑卒中病人，可是其中的原理却很难阐发，尤其是西医，根本不认可中医的经脉学说，要想获得国际认可，只有用数据和实验说话。

石院士决定再拔高一个层级，那就是用数据实现针灸的科学化。

这是一个千年难题，就像文章开头所说，针灸工具是如此简单，它是如何产生治病效果的？又该如何证明它？一个中风患者，从卧床不起到能独自下床行走，他的大脑里究竟发生了什么？解答这些问题，都是新时代对针灸提出的要求。

此时，石院士想起了在国外医疗援助时，人家医院里的一些先进仪器，那都是生命科学离不开的东西，就如同企业要发展需引进先进设备一样，石院士也主张买设备做数据，用数据来证明针灸的科学性。这在当时是非常新鲜的观念，当时大部分医生还都沉浸在一根针一把草解除大众疾苦的原始阶段，甚至挂一个听诊器都会被认为另类不被理解，这种老观念严重限制了中医的发展，以至于在西医的冲击下，越来越多的病患看不起中医，看不起一根针、一把草，觉得没有科技含量，觉得便宜没好货。

社会在发展，新时代下的针灸也要发展，不但新的病种要增加针灸研究，而且针灸治病的模式也要完善，再固守老路就谈不上发展。于是石院士带领团队组建了针灸电生理室，有了这些仪器，疾病变化的神秘面纱才被一点点揭下。有了数据做支撑，他开始底气十足地接受国际公认的爱丁堡——斯堪的纳维亚疗效评定标准的评定，让针灸的治疗效果有了斩钉截铁般的硬气，让很多当初看不起针灸的人重新回到针灸的怀抱。

20世纪80年代，这项医学成果让无论是中医还是西医都普遍认可。在石院士的带领下，医院针灸科不但成功分化出了急诊科，而且还有功能检查科，让医院的现代化发展插上了快速腾飞的翅膀。

在这样的发展理念下，医院不但吸引了国内患者，越来越多的国外患者也都不远万里来到医院寻求治疗，这让针灸在海外传播有了越来越多的口碑宣传。截至目前，醒脑开窍针法已经走进全世界四十多个国家和地区，让国内外数百万脑卒中病人受惠。在医院的12到14层，住的都是国外慕名而来的病患。

戴文，一位美国的健美教练，曾获得美国肯塔基州健美冠军，2005年因为卒中大面积脑梗死，神经功能缺失严重、四肢瘫痪，在美国各一流医院治了许久无效。在家卧床两年，后来经家人打听到天津中医药大学第一附属医院针灸科，便来寻求针灸治疗，不到两星期，之前丝毫没有感觉、如同废弃的右腿，居然可以抬起来足足30厘米。戴文的家人看到这一幕，激动地流下泪水，久久不能平息。你们知道后来发生了什么吗？在两个朋友轻轻地搀扶下，戴文双足履地，守着无数媒体竟自己站了起来，全场轰动。

针灸研究发展到这里，按说石院士已经功成名就，可以高枕无忧了。可他还不满足，决定要继续深化研发，实现针灸的量化、标准化，让针灸的效果发挥到最大化，因为他看到针灸有些东西实在是太过于随意了，一千个针灸大夫有一千个方法，比如捻转的次数，究竟捻转多少次为好？

再比如针刺的角度，同一个穴位什么样的角度才能让效果最好？还有扎针的间隔时间，究竟间隔多长时间才能让效果巩固到最佳？究竟有没有这样一个饱和点？前人并没有答案。

这还得做实验用数据说话，于是他招聘上百名博士后，大家一起做实验拿数据，直到得出越来越完美的针灸量化标准。

在现代科研的路上，石院士走得越来越深入，可他始终没有疏忽传统针灸基本手法的锻炼，这就如同武学之士扎马步练下盘，他对针灸臂力、手力的要求丝毫没有放松过。对所有针灸大夫，他要求必须练习凤凰展翅。双腿站立，双臂分开按凤凰展翅的标准姿势，一练30分钟，要求不酸、不麻、不出汗，只有这样，在催气、得气的要求上才能游刃有余。

直到现在石院士仍然奔波在推广针灸、宣传针灸、研究针灸的路上。

针灸虽小，可他在不足毫厘的针尖上组建了一座针灸的王国，而他则被誉为"针尖上的国王"。

参考资料：

《大家·石学敏》（央视纪录片）

《中国中医药报·石学敏："鬼手神针"醒脑开窍》